道德經

趙孟頫 書
白玉蟾 注

董妘檀 正音
張三愚 編著

團結出版社

明道堂經學館雅音正義讀本

中國本土經學教育自有一整套教育思想、方法、內容和經驗，誦讀是詩詞歌賦文言文學習的基礎。

文言又稱雅言，文言誦讀又稱雅音、吟誦、吟哦等。

章黄文脈、南金書院文脈松齋張本義先生強調：

「口耳之學」是中國固有學術的特徵之一，吟誦正是這種口耳之學的憑藉——吟誦不同於一般的聲樂藝術，更承載著廣泛的文字、語言、音樂、文學、歷史、教育等諸方面的資訊和遺傳密碼，是學習中華經典、掌握中國固有學術和藝術的一把鑰匙。

明道堂經學館是一家致力於傳播中華文化、傳承中國傳統經學、助力天下家庭文化養成的文化機構。

《道德經》雅音吟诵讀本，由明道堂經學館創辦人——松齋先生入室弟子董妘橦院長策劃並主導編寫、雅音正義。愿廣大國學愛好者借助雅音誦讀，以美妙在音聲中遇見先哲古聖，登堂入室。

明道以行
行道以明

本羲题

目録

序一

那是一個深秋，夕陽西下。

下了班的母親跟奶奶一起坐在廚房門口烙單饃——豫南鄉村傳統麵食。

炊煙嫋嫋升起，父親回來了，他捎回小半麻袋荸薺。

正當我和大我幾歲的姑姑樂不可支地大快朵頤，父親變戲法般掏出幾本美麗的書。

天啊！世界上竟然有這般好看的書呢！

我們姑姪二人撂下荸薺，各自把手使勁在衣襟上抹了幾抹，一把接下。

姑姑坐在高一點的椅子上，我搬個小板凳坐在她前面；姑姑捧著書，我扶著。我不認識字，姑姑讀，我聽。

單饃的香甜一股股地飄來，卻無法像往常那樣，把我倆拽到奶奶身邊狼吞虎嚥。

姑姑一字一句讀得津津有味，我聽得如癡如醉，我倆完全沉浸在閱讀帶來的難以描繪的美妙享受之中……

當奶奶和母親開始從廚房往外端湯端菜的時候，我和姑姑的臉幾乎跟書湊到一起去了。直到母親再次經過，強令我們把書收起來，我倆才依依不捨地把書合上。

那天晚上的單餜格外香甜。

那是我人生中第一次看到、聽到那麼美麗的書。

那年我四歲。

四十年後的一個夏日，應邀來到竹山書院講《孝經》。

作為雅音導入，我先吟唱了一曲《敕勒歌》。還沒唱完，有位女生低聲啜泣著，慢慢地把頭埋進了雙臂裡，肩頭仍微微地抖動……

進行到《紀孝行章第十》時，為了增進大家對經文的理解，我將松齋張本義先生傳授給我的《詩經·小雅·蓼莪》這首孝道名篇，一句一句地給大家導讀、教唱。

父兮生我，母兮鞠我。拊我畜我，長我育我。
顧我複我，出入腹我。欲報之德，昊天罔極。

唱到這一段時，一半多的學友開始哽咽，有的在淌眼淚。

南山烈烈，飄風發發。民莫不穀，我獨何害。
南山律律，飄風弗弗。民莫不穀，我獨不卒。

末後這兩句還沒唱完，前前後後數位學友哭出聲來，有的伏在桌上哭泣不止……

下課了，有些學友走到我面前，跟我分享他們的感受。

我有些好奇地問那位聽到《敕勒歌》而流眼淚的女生，她回答，老師，您的聲音，一下子把我帶到了遼闊的藍天綠草之間，我的心裡有什麼東西一下子散開，我覺得好舒服啊！好爽快啊！哎呀！吟唱怎麼可以這麼美好啊……天地這麼寬廣，我有什麼理由這麼憋屈自己呀……

唱《寥莪》時哭得最痛的一位男生，有一點點不好意思，也有一點點激動。他一直等到其他人起身離去，才低低地對我說：老師，謝謝您今天帶我們學習《孝經》，謝謝您教我們唱詩！我特別特別對不起我父親……我看不慣他，總是氣他，好多回氣得他直哆嗦……剛才我唱不下去了，我太不孝了……

走進美好的世界，遇見厚道的自己。

在經典裡，在聲音裡。

來讀吧！

序二

文章系國脈，正道系人心。

中華文明延綿不絕五千年，文以載道，功莫大焉。經，常也，南北之道謂之經；緯，圍也，東西之道謂之緯。我國語言文字，亦有經緯。文言若經，又名雅言，今稱古文，自孔孟以降，三千年來由文人士子傳習之、守護之；時文如緯，又名白話，今稱語文者是也。

文言重守成法，由古至今自成體系，音形義雖有所變化損益，然不離其宗，後世子孫與祖宗先賢同讀一部書，亦讀得懂；時文則重實用，辭彙語法因需而變、常變常新，祖孫之間談話常有「辭彙代溝」。文言白話，古文今文，涇渭分明，各守其責，各成其用，不可輕言高下優劣，不必起是非彼此之爭。

文言學習，經典研讀，自有傳承之法。

譬如讀書，今人讀書多為「目視」，是故讀為虛、看為實，一目十行，走馬觀花。古時則不然，平上去入、陰陽頓挫，口唇未動心上已得無聲之音，歷歷分明。出聲誦讀，則字句腔調，如行雲流水，至自得之處，不禁手之舞之，足之蹈之，與之諧鳴。

古今之異，在於字音。

古代漢語研究字音之學，稱音韻學，較之研究字形之文字學、研究義理之訓詁學，音韻難以類統，歧見尤紛。口耳相傳幾千年，古今音轉，在今日庶幾可稱「絕學」。絕，斷絲也，不續曰絕。為往聖繼絕學，音韻也在其中。聲音之重，音韻之重，文脈傳承在茲，文化保全在茲。字形、字音、字義之中，承載中華文化資訊，有聲而後形之以文，義與聲俱立，何以置音聲於不顧、鄙之若瞉皮乎？

試舉幾例。

清大儒段玉裁研究同源字最常用右文發凡，如《說文·水部》「濂，水虛也。」段注：「康者，瞉皮中空之謂。故凡從康之字皆訓為虛。」諸如嘘、歋、墟、覷等果然如此。

又如「道德經」三字。

文言語境中，「道」讀若「倒」上聲（普通話聲調裏的三聲），大道之道，專有名詞。道讀若到去聲，動詞，言也，如《孝經》「非先王之法言不敢道」一句，道當言說講。

「德」音讀「得」，入聲（大約讀作短促急收的四聲），道之用也，專有名詞。若普通話中並無入聲，唯方言之中猶有大量入聲保存。

入聲字，關乎聲音帶動氣息、氣流，「氣」裏大有文章在。

試看岳飛名作《滿江紅》——

怒髮衝冠，憑欄處，瀟瀟雨歇。抬望眼，仰天長嘯，壯懷激烈。三十功名塵與土，八千里路雲和月。莫等閒，白了少年頭，空悲切！

靖康恥，猶未雪；臣子恨，何時滅？駕長車，踏破賀蘭山缺！壯志饑餐胡虜肉，笑談渴飲匈奴血。待從頭，收拾舊山河，朝天闕！

每一句末後一字，歇、烈、月、切、滅、缺、血、闕，皆是入聲字，字字氣息於喉而止，猛然促咽，後來吟此篇者，那一股國破家亡、生靈塗炭卻盡忠無門、壯志未酬之悲愴之情，想來也不過如此罷！

古今音轉，又如「道德經」之「經」，古今發音類似，韻母相同，但古音聲母是舌根音g（也叫舌面後音、牙音，另有k、h、ng），今音聲母是舌尖前音j（另有q、x）。

或疑錙銖必較者，不明古之學為己、今之學為人，讀經為己開智之功。出聲器官（位置）不同，氣流振動不一，於氣血循環大有裨益。古音之舌根音，多轉為普通話之舌尖音，如此一來，誦讀不久便口乾舌燥，大不同於古人之津津有味、樂此不疲。僅從今日之生理衛生而言，古今異矣！

「道德經」三字，「道」字聲長而「德」字聲短，「道」字餘音回環而「德」字幾無餘聲，「道」字氣息上沖百會而「德」字氣息落入心田。一陰一陽之謂道，自其音聲或可體會一二。

讀書須讀出味道來。有聲即有音，有音即有韻，有韻即有味，有味而有道。由味體道、得道是也。「經」字的口形呈「一」字狀，氣息悠長平和，待反復吟誦「道生一，一生二，二生三，三生萬物」「天得一以清，地得一以寧，神得一以靈，穀得一以盈，萬物得一以生，侯王得一而以為正」。清、寧、靈、盈、生，與「經」字口形何其相似，經云：色不異空，空不異色，暗合道妙？

書讀百遍，其義自現。昔時經學大家黃承吉有云：「夫從來訓詁多本於聲音人所罕知。其所以罕知者，後世聲音之道與古相隔，往往雖見聲而不知其是聲，則但以為訓義。蓋聲音為訓詁之本，故訓不外聲。然先儒所傳之訓詁，亦非字字必然。」想來黃氏等所言，乃在提點後學，切勿小覷音韻，一味耽溺文字考索、義理求證。

開卷有益，音聲為媒。讀書實為修身之要。

人生於世，忙於家庭事業，悅人達己，不免身心交瘁。《道德經》云：反者道之動。身忙碌心煩亂，靜心獨處為藥方。正所謂「知止所以不殆。」清代文人沈複於《浮生六記》云：「人心至靈至動，不可過勞，亦不可過逸，唯讀書可以養之。閒適無事之人，鎮日不看書，則起居出入，身心無所棲泊，耳目無所安頓，勢必心意顛倒，妄想生嗔。」——人人皆有便利安頓身心，或日有片刻安寧自處，便可讀書以自得。

讀好書、好讀書，修己以安人。

願為廣大國學同好及樂於參研中華經典的社會各界人士，提供誦讀經典之別樣體驗——明道堂雅音吟誦。此次聯合謙德書院、北京知簡品牌設計，從「明道堂經學館雅音誦讀叢書」首部讀本《道德經》讀本和八十一天誦讀活動開始，與祖先共讀一部書。

讀本內容包括每章吟誦關鍵字的雅音正義、元代「楷書四大家」之一的趙孟頫書、道教金丹派南五祖白玉蟾注、被稱為民國第一神童江希張所作每章白話直解（章解）、八大山人等清初畫壇「四僧」畫作共五部分組成。讀者並可掃碼進入「明道堂經學教育」微信公眾號，跟隨線上教學內容學習，領略雅音吟誦別具一格的古樸韻味。

古人云，善之本在教，教之本在師。特別感謝恩師松齋張本義先生、馮蒸教授等老師宿儒的口耳相傳！感謝謙德書院蕭祥劍先生、知簡品牌設計沈鋮等諸友不遺餘力相助。明道堂經學館開館以來，得到諸位師友的關心、愛護和支持，藉此讀本刊行之際，不慧及明道堂經學館諸位同仁沐手作禮以謝！

詩無達詁，古人云「讀詩者心平氣和，涵泳浸漬，則意味自出；不宜自立意見，勉強求合也。況古人之言，包含無盡，後人讀之，隨其性情淺深高下，各有會心」。正音義訓本有各家之言，不慧陋鄙，如有錯謬，懇請方家不吝指正。

丁酉金秋　不慧董妘檣於明道堂經學館

明道堂雅音正义凡例

一、讀本雅音正義的宗旨，宣導中華經典向學之士瞭解、體驗、關注傳統經學學習方法，認識雅言（文言）與白話（時文）之間的本來差異，對傳統經學教育理念和方法給予足夠的尊重，願欲見聞讀書人治學、為人的樸厚之風。

二、雅音與普通話讀音，在發音器官、發音方法上均存在不w同程度的差異，希望本書能夠提供一個大眾瞭解雅音吟誦、體驗傳統讀書方法的機會。此書並非學術研究成果，無意於辯論學術問題。願能拋磚引玉，期待方家與同好協力增進大眾讀經興趣、引領廣大讀者深入學習和研究中華經典。

三、本書每章由趙孟頫手書（以下稱簡「趙書」）、本章原文、雅音正義三部分構成，末後附錄各章白話直解。

所引《道德經》書法作品及原文，據中國國家圖書館典籍博物館館藏元代書法家趙孟頫楷書《道德寶章》；

句讀依據該作品中道家南宗五祖、紫清真人白玉蟾之斷句；

所引「白話章解」，據二〇〇五年瀋陽中華寺倡印流通、被譽為民國第一神童江希张所著《新注道德經白話解說》的「章解」。

四、每章僅對入聲字、與普通話（白話）發音差異較大的字、其讀音對應字義關係到文意理解的重點字進行注釋。凡前章已注的後不再重複，以「下同」標明。凡雅音正義的字均在趙書中以小紅圈標明。

平聲　標於左下角
上聲　標於左上角
去聲　標於右上角
入聲　標於右下角

五、雅音正義的字，採取「讀若法」和「反切法」兩種方法注音。

「某讀若某某聲」，前某是被注字，後某是普通話讀常音的字。

例如，「道讀若倒上聲」，意為「道」（原文中的字）的讀音大約可以讀作「倒」（普通話發音）。實事上，「道」的雅音與今天的普通話發音，仍然是不盡相同的。「讀若倒上聲」，意為「倒」的普通話發音要處理成上聲（今天普通話聲調裏的三聲）。

反切法是古代流行的注音方法之一，本書同時加被注字的反切，供同好參照。

六、為方便讀者體驗雅音吟誦，製作了線上學習音頻，讀者可掃碼進入「明道堂經學教育」微信公眾號平臺收聽。

七、詩文均無達詁。所注字其音其意，歷代方家各抒己見，筆者儘量以釋所注字的本義為主，多引用《說文解字》等典籍釋義；所注字在經文中的訓詁，多為筆者參閱歷代名家注釋基礎上的傾向性理解，僅供參閱。

道德寶章

紫清真人白玉蟾註

體道章第一

道◯ 如此而已 可道非常道 可說即不如此 名 强名曰道 可名非常名 謂之道已非也 無◯ 此即是道 名天地之始 道生一即是天地之初 有 一生二二生三三生萬物故有 名萬物之母 一無生萬有萬有歸一無 故常無 虛心無念 欲以觀其妙 見物知道知道見心 常有 守中抱一 欲以觀其徼 身有生死心無生死 此兩者 萬有一無一無亦無無中不無 同出而異名 萬法歸一一心本空 同謂之玄 道非欲虛虛自歸之人能虛心道自歸之 玄之又玄 虛裏藏真無中生有 衆妙之門 悟由此入用之無窮

【體道章第一】

道。可道非常道。名。可名非常名。無。名天地之始。有。名萬物之母。故常無。欲以觀其妙。常有。欲以觀其徼。此兩者。同出而異名。同謂之玄。玄之又玄。衆妙之門。

【雅音正義】

●道德 道 讀若倒上聲 杜皓切，專有名詞。【易・繫辭】一陰一陽之謂道。又曰：立天之道曰陰與陽。立地之道曰柔與剛。立人之道曰仁與義。范應元：道者，自然之理，萬物之所由也。

●道德 德 读若得入聲 多則切，專有名詞。【管子・心術上】德者道之舍，物得以生生。【韓非子・解老】德者道之功也。【莊子・天地】物得以生謂之德。

●白玉蟾 白 讀若帛入聲 薄陌切，姓氏，又西方謂之白。下同。玉讀若月入聲 虞欲切，【說文】石之美者。【周易正義】玉者，堅剛而有潤者也。下同。

●第一 一讀若益入聲 益悉切。【說文】惟初大始，道立於一。造分天地，化成萬物。【廣韻】數之始也，物之極也。

●道可道非常道 首道字上聲，至高無尚之道，名詞。中道字即可道之道，讀若到去聲 杜到切，言也，動詞。【大學】如切如磋者道學也。末道字上聲，【廣韻】理也，眾妙皆道也，合三才萬物共由者也。

●可道 可 讀若括上聲 口我切，否之對。

●萬物 物 讀若勿入聲 文拂切。【玉篇】凡生天地之間皆謂物也。母，讀若某 上聲。

●常無欲 欲 讀若浴入聲 餘玉切，貪而不已。

●觀其妙 觀 讀若灌去聲 古玩切，諦視也。朱熹：有以中正示人而為人所仰也。

●觀其徼 觀 讀若官平聲 古丸切，視也。徼读若叫去聲吉吊切，徼妙。

●同出而異名 出 讀若觸入聲 尺律切，見也，出入也，生也。○按凡物自出則入聲。非自出而出之則去聲。然亦有互用者。

養身章第二

天下皆知美之為美（求為美名）斯惡已（不得美名）皆知善之為善（求為善人）善斯不善已（反為惡人）故有無之相生（無必生有有必歸無）難易之相成（先難後易先易後難）長短之相形（道本無形自相長短）高下之相傾（天旋地轉本無高卑）音聲之相和（一風所鳴萬籟皆應）前後之相隨（往古即今來今即古）是以聖人處無為之事（貴乎自然）行不言之教（道寓於物）萬物作而不辭（無必生有安得不生倘若不生安見長存）生而不有（無非妄幻）為而不恃（本日今日而已）功成而

弗居豈可以夢為實

夫惟弗居忘外而不忘其內也

是以不去一我自存

【養身章第二】

天下皆知美之為。美斯惡矣。
皆知善之為。善斯不善已。
故有無之相生。
難易之相成。
長短之相形。
高下之相傾。
音聲之相和。
前後之相隨。
是以聖人處無為之事。行不言之教。
萬物作而不辭。
生而不有。
為而不恃。
功成而弗居。
夫唯弗居。
是以不去。

【雅音正義】

●天下　下　胡雅切上聲，在下之下，對上之稱。〇按相對於上者为名詞則上聲，自上而落为動詞則去聲。下同。

●皆知　皆　讀若界平聲居諧切，俱詞也。下同。

●美斯惡矣　惡　讀若臥入聲　遏鄂切，不善（之言行）。

●斯不善　不　讀若蔔入聲　逋沒切，不然也，不可也。下同。善，雅音讀若閃上聲　上演切。

●難易相成　易　讀若異去聲　以智切，不難也。凡與難相對之易、和易之易、慢易之易皆去聲。下同。

●長短之相形　形　讀若衡平聲　乎經切，又奚經切。現也。【大學】此謂誠於中形於外。

●音聲之相和　和　讀若活平聲　戶戈切，順也，諧也。

●前後之相隨　後　讀若吼上聲　很口切，與前相對。下同。

●聖人處無為之事　處　讀若杵上聲　敞呂切，居也。

●行不言之教　行　音衡平聲　何庚切，人之步趨也，舉止也。

●萬物作焉　作　入聲　則洛切，興起也，造也，為也。下同。

●不恃　恃　讀若史上聲　丞矢切，賴也。下同。

●弗居　弗　讀若服入聲　分勿切，不也，亦有矯枉之意。下同。徐灝：凡馳弓，則以兩弓相背而縛之以正枉戾，所謂矯也。

安民章第三

不尚賢（爲子當孝 爲臣當忠）使民不爭（飽不思食）不貴難得之貨（黄金與土同價）使民不爲盜（如意無他）不見可欲（耳目之間 心實在焉）使心不亂（去即喚迴）是以聖人之治（多少分明）虛其心（是）實其腹◉弱其志◒强其骨◓常使民無知無欲○使夫知者◉不敢爲也（多少分明）爲無爲○則無不治

（是）

【安民章第三】

不尚賢。使民不爭。不貴難得之貨。使民不為盜。不見可欲。使心不亂。

是以聖人之治。虛其心。實其腹。弱其志。強其骨。常使民無知無欲。使夫知者。不敢為也。為無為。則無不治。

【雅音正義】

- 難得　得讀若德入聲的則切，凡有求而獲皆曰得。
- 不見可欲　見同现。
- 實其腹　實讀若失入聲食質切，滿也、充也。下同。
- 實其腹　腹讀若福入聲方六切，身中、懷抱也。下同。○按此腹似言內亦言外，無內亦無外。
- 弱其志　弱讀若若入聲而灼切，愚懦不毅。○按此弱含柔和謙順之意。下同。
- 強其骨　骨讀若汩入聲吉忽切，肉之核也。○按此骨謂似人之骨立肉中者。下同。
- 使夫智者　知讀若智去聲，同智。
- 則　讀若責入聲子德切，助辭，又然後之辭。下同。

無源章第四

道◯沖而用之◉或不盈（盅中）淵乎似萬物之宗（心也）挫其銳（斂神）解其紛（止念）和其光（藏心於心而不見）同其塵（混心於物）湛兮似若存（存神於無）吾不知◯誰之子（吾）象帝之先◯

【無源章第四】

道。沖而用之。
或不盈。淵乎似萬物之宗。
挫其銳。解其紛。
和其光。同其塵。
湛兮似若存。
吾不知。誰之子。
象帝之先。

【雅音正義】

●沖而用之 沖，讀若懂上聲，湧也。【集韻】杜孔切，音動。湧也。【說文】湧搖也。按以中象水，後偽作沖，猶涼之偽作凉，淒之偽作凄，淨之偽作净。

●或不盈 或 二讀同義皆可。其一，通作域，訓作區域、界域，讀若鬱入聲 乙六切。其二，讀若為入聲 越逼切。或不盈，形容道體，嚴復【老子道德經評點】蓋道之為物本無從形容也。

●解其紛 解 讀若害去聲 佳買切，物自散也。【周易正義】解有兩音，一为古買反，謂解難之初。二为諧買反，謂既解之後。故序卦云：解者，緩也。險難解釋，物情舒緩，故為解也。〇按此解言道之用常在，故音害去聲，散也。

●湛兮似若存，湛，讀若沉平聲 持林切，與沈同。兮，讀若耶或嘿 語氣辭。若讀若弱入聲 日灼切，如也。下同。

虛用章第五

天地不仁（無心）以萬物為芻狗（任其自然）聖人不仁（以天地之心為心也）以百姓為芻狗（尚自忘我豈有他哉）天地之間（心也）其猶橐籥乎（運而不息）虛而不屈（用之無窮）動而愈出（純亦不已）多言數窮（如何說得）不如守中（盡其在我）

【虛用章第五】

天地不仁。以萬物為芻狗。聖人不仁。以百姓為芻狗。天地之間。其猶槖籥乎。虛而不屈。動而愈出。多言數窮。不如守中。

【雅音正義】

●芻狗　芻 讀若初平聲 楚徂切，芻者刈草也，飼牛馬之草。芻狗，用草紮成的狗。吳澄：縛草為狗之形，禱雨所用也。既禱則棄之，無複有顧惜之意。錢鍾書：芻狗萬物乃天地無心而不相關，非天地忍心而不憫惜。

●百姓　百 讀若伯入聲 薄陌切，眾多也。下同。

●槖籥　槖 讀若拓入聲 他各切，囊也，小曰槖，大曰囊。【道德經注】槖者外之櫝，所以受籥也。籥者內之管，所以鼓槖也。

●籥 讀若籥入聲 弋灼切，【說文】樂之竹管。范應元：冶煉之處，用籥以接囊槖之風，吹爐中之火。槖籥本為冶煉之器即風箱是也，此地以風箱為喻，天地間猶槖籥者，槖象太虛，包含周遍之體；籥象無氣，絪緼流行之用。

●不屈　屈 讀若去入聲 渠勿切，竭也，盡也。一說屈者曲也。傅亦：天地之間虛通而已，亦如竹管之接炁，虛而不曲也。氣來則通，氣往則不積。

●動而愈出　動 讀若懂上聲 杜孔切。【韻會】凡物自動則上聲，彼不動而我動之則去聲。下同。○按此動言天地造化自然而然、生生不息，非外力使然。

●動而愈出　愈 讀若於平聲 羊朱切或雲俱切，進也，益也。傅亦：譬彼槖風之俞動則此龠炁之愈出。

●多言數窮　數 兩讀皆可。讀若朔入聲 色角切，頻數也，過分多。又讀若速，義同。【禮記·曾子問】不知其已之遲數。【陳澔集】數音速。

成象章第六

谷神不死此心本無生死是謂玄牝同此一天玄牝之門念頭動處是謂天地根惟心綿綿若存只是如此用之不勤無為而已

【成象章第六】

谷神不死。是謂玄牝。玄牝之門。是謂天地根。綿綿若存。用之不勤。

【雅音正義】

●第六　六讀若陸入聲　力竹切，【説文】易之數陰變於六正於八。【玉篇】數也。下同。

●谷神　谷　讀若故入聲　古祿切，【説文】泉出通川為穀。〇白玉蟾注谷神為此心。車載：谷神是道的寫狀，不死就道的永恆性説。谷神不死是指常道。下同。

●玄牝　牝　讀若品上聲　婢善切。或音髕上聲毗忍切。【説文】畜母也。朱熹：牝，有所受而能生物者也。下同。

韜光章第七。

天長地久（湛然無為）天地所以能長且久者（心亦如是）以其不。自生（此心長存）故能長生（本無生滅）是以聖人（我也）。後其身而身先（無乎不在）外其身而身存（今古如此）非以其無私耶。（天地與我同根萬物與我同體）故能成其私（我即天地）（天地即我）

【韜光章第七】

天長地久。

天地所以能長且久者。以其不自生。故能長生。

是以聖人。後其身而身先。外其身而身存。

非以其無私耶。故能成其私。

【雅音正義】

●第七　七讀若戚氣入聲　戚悉切，少陽數也。【說文】陽之正也，從一，微陰從中衺出也。下同。注：衺讀若斜，不正也。

●無私耶　耶讀若也平聲　以遮切，語助，又疑辭。經傳俱作邪，俗作耶。

易性章第八

上善若水（性猶水也）水善（不爲物所忤而已）利萬物而不爭（初何心哉）處衆人之所惡（於我何有）故幾於道（心亦如此）居善地（無所擇也）心善淵（有所養也）與善仁（無分彼此）言善信（真實）正善治（無往不正）事善能（無爲而無所不爲）動善時（與時偕行）夫惟不爭（方寸不競）故無尤矣（亦不以爲福也）

【易性章第八】

上善若水。水善。利萬物而不爭。處衆人之所惡。故幾於道。居善地。心善淵。與善仁。言善信。正善治。事善能。動善時。

夫唯不爭。故無尤矣。

【雅音正義】

●第八 八讀若爸入聲 布拔切，數也。下同。之所惡 惡讀若勿去聲 烏路切，憎也。

●幾於道 幾讀若機平聲 居希切，近也。范應元：水之為物，得天一之炁，無定形而靡不通，故潤萬物者莫潤乎水，乃善利也。遇方則方，遇圓則圓，何爭之有。上善之人，則微妙玄通，常善利於人物而不爭，故善亦如水。衆人好高而惡下，水獨處之，上善之人常謙下也。有此之德，故近於道。

●心善淵 淵音律與下句善仁之仁相和諧，淵讀若雲平聲 一均切，深也。下同。

●矣 讀若欸平聲。【說文】語已辭也。

運夷章第九

持而盈之無欠無餘不如其已放下身心揣而銳之貴欲無為不可長保謹而勿失金玉滿堂儉視儉聽裕然有餘莫之能守終日如愚富貴而驕潛心勿用自遺其咎寂然不動何咎之有功成名遂月到天心處風涼人面時身退天之道退有餘地

【運夷章第九】

持而盈之。不如其已。
揣而銳之。不可長保。
金玉滿堂。莫之能守。
富貴而驕。自遺其咎。
功成名遂。身退天之道。

【雅音正義】

●揣而銳之 揣 兩讀皆可。其一，读上聲 初委切，度也。其二，讀若捶平声 朱惟切。【說文】一曰捶之。治擊也。○按此揣取捶擊之意，讀平聲。蘇軾曰：知盈之必溢而以持固之，不若不盈之安也。知銳之必折而以揣先之，不可恃也。若夫聖人有而不有，尚安有盈。循理而後行，尚安有銳。有銳無盈則無所用，持而無銳則無所揣矣。

●莫之能守 莫 讀若寞入聲 末各切，無也，勿也，不可也。下同。

●自遺其咎 遺 讀若衛去聲 以醉切，投贈也，饋也。○按此遺有帶來之意，前有富貴而驕為因，後有咎為果。

●咎 讀若久上聲 其九切，災也。

能為章第十

載營魄 安心 抱一 ○ 能無離乎 甚處去来 專炁致柔 純清絶點 能如嬰兒乎 混然一片 滌除玄覽 無事於心無心於事 能無疵乎 身心一如 愛民治國 怡神養炁 能無為乎 無念無為無思無慮 天門開闔 心地開明 能無雌乎 一而不二 明白四達 一理燭物 氷壺月皎 能無知乎 終日如愚 生之畜之 一心所存包含萬象 生而不有 心同太虛 為而不恃 智周萬物 長而不宰 泰然無我 是謂玄德 ○

【能為章第十】

載營魄。抱一。能無離乎。
專氣致柔。能如嬰兒乎。
滌除玄覽。能無疵乎。
愛民治國。能無為乎。
天門開闔。能無雌乎。
明白四達。能無知乎。
生之畜之。
生而不有。為而不恃。長而不宰。
是謂玄德。

【雅音正義】

●第十 十 讀若是入聲 是執切。下同。【說文】十，數之具也。一爲東西，丨爲南北，則四方中央具矣。易，數生於一，成於十。

●載營魄 載 讀若再去聲 作代切，乘也。營魄 營平聲 餘傾切。魂也，一曰衛也。【說文】陽氣也。魄入聲 匹陌切，下同。【說文】陰神也。營魄，魂魄也。

●抱一 一入聲，同也。魂與魄合而為一。抱一即合一，合一即合於道。下同。

●無離 離 讀若荔去聲 力智反，去也。又讀若鸝平聲 呂支切，散也。近曰離遠曰別。○按魂魄合一於身，身包含魂和魄，精神與身軀合為一體，無有分別，此地離讀去聲。

●專氣 專音團平聲，徒官切，聚也。

●嬰兒 兒 通倪，讀若倪 五黎切，人之始，如木有端倪。○按一、離、兒、疵、為、雌、知等音律和諧，故此地兒不讀常音爾，讀若倪。

●滌除 滌 讀若狄入聲 亭曆切，洗器謂之滌，此地為洗心之意。除平聲陳如切，去也。

●治國 國 讀若過入聲 古或切，邦也。○按此國既實指有實際疆域之邦國，亦可虛指無形空間之界域。下同。

●開闔 闔 讀若活入聲 胡合切，閉也，與開相對。一曰開闔即動靜。又，門扇也。

●明白四達 達 讀若撻入聲 他達切，通顯而周遍。

●無知 知 讀若智去聲 知意切，同智。知而有所合謂之智，又無所不知也

●畜 讀若旭入聲 許六切，養也。【論語】君賜生，必畜之。

無用章第十一

三十輻（如三十日是也）共一轂（一月是爾）當其無（月大月小）有車之用（雖是月小亦成一月）埏埴以為器（陰陽往来而成造化）當其無（天地無全功聖人無全能）有器之用（間有不及亦見天工）鑿戶牖以為室（萬象森羅同乎一天）當其無（神不守舍五官失衛）有室之用（聖愚同性忘内逐外）故有之以為利（得此父母之身為用）無之以為用（存我厥初同然之性）（無内無外）

【無用章第十一】

三十輻。共一轂。當其無。有車之用。埏埴以為器。當其無。有器之用。鑿戶牖以為室。當其無。有室之用。故有之以為利。無之以為用。

【雅音正義】

●輻 讀若福入聲 方六切，車輪中連接軸與輪圈的部件，取法于日月，古者制器尚象，車之輻有三十者，以象一月也。車轂虛通然後運行，故三十輻共一轂。

●共一轂 共讀若拱上聲 古勇切，向也。【論語】居其所而眾星共之。轂 讀若故入聲 古祿切，車輪中車軸所插入的圓孔。

●當其無 當 讀若蕩去聲 丁良切，事理合宜之謂當。【韓詩外傳】君子行不貴苟難，惟當之為貴。本章內當字皆同此。

●有車之用 車 讀若居平聲 九魚切。【古史考】黃帝作車，引重致遠。少昊時加牛，禹時奚仲為車正，加馬。

●埏埴 埏 讀若壇平聲 屍連切，水和土也。馬敘倫：說文無埏字，當依王本作挻，而借為摶。……【說文】摶以手圜之也。於義較當……摶土與摶埴同。

埴 讀若室入聲 丞職切，陶旊之工謂之摶埴。【莊子・馬蹄篇】陶者曰我善為埴。○按此埴含虛實二義，虛則指陰陽之往來。注：旊，鄭司農雲：讀爲甫始之甫。康成謂：讀如放於此乎之放。

●鑿 讀若昨去聲 在到切（發音類似造），穿空也。鑿 又音昨入聲 疾各切。【說文】穿木也。○按此地鑿指開窗造戶，故去聲。

●戶牖 今統稱為門窗。戶 讀若祜上聲 侯古切。【六書精蘊】室之口也。凡室之口曰戶，堂之口曰門。內曰戶，外曰門。一扉曰戶，兩扉曰門。【說文】護也。【釋名】所以謹護閉塞也。

牖 讀若酉上聲 以九切。【說文】穿壁以木為交窻也。非戶也。牖所以見日。段玉裁注：交窗者，以木橫直為之，即今之窗也。在牆曰牖，在屋曰窗。

檢欲章第十二

五色（青黃赤白黑）令人目盲（其機在目志之所之）五音（宮商角徵羽）令人耳聾（貪外喪內）五味（甘辛鹹酸苦）令人口爽（忘其自然）馳騁田獵（心猿氣馬）令人心發狂（不定身心無所歸宿）難得之貨（金玉何用）令人行妨（所寶惟心貴乎守一）是以聖人為腹（其樂也內）不為目（耳隨聲走眼被色瞞）故去彼取此（見色明心聞聲悟道）

【檢欲章第十二】

五色。令人目盲。五音。令人耳聾。五味。令人口爽。馳騁田獵。令人心發狂。難得之貨。令人行妨。是以聖人為腹。不為目。故去彼取此。

【雅音正義】

●五色　色　讀若嗇入聲　殺測切。【說文】顏氣也。人之憂喜，皆著於顏，故謂色為顏氣。〇按此五色為專有名詞即青黃赤白黑也。【左傳・桓二年】五色比象，昭其物也。

●令　讀若零平聲　郎丁切（呂東萊注力征反），廝役曰使令。蓋令去聲力正切，訓法也、律也、告戒也。人多以色為明，而鮮能反照於無色之色，可謂盲矣，目為五色所迷，故令取平聲。本章所有令字，皆平聲。

●口爽　爽　音霜平聲　師莊切，敗也。

●田獵　獵　讀若列入聲　力涉切，放禽取獸曰獵。虙子虙羲氏之世，天下多獸，故教人以獵也。【白虎通】四時之田，總名為獵，為田除害也。

●發狂　發　入聲　方伐切，亂也。

●令人行妨　妨　讀若芳平聲　敷方切。【說文】害也。一曰礙也。行妨，貴難得之貨則有礙於守道。行，讀若橫去聲，下孟切，跡也。【周禮・地官・師氏】敏德以為行本。【注曰】德行內外，在心為德，施之為行。

●為腹不為目　兩為字均為去聲　於偽切，猶助也。目　讀若牧入聲　莫六切，眼也。為腹者，守道也；為目者，逐物也。

●去彼，去，讀若取上聲　丘舉切，藏也。去者，非區區去物也，但不貪愛也，外物不足以擾其心矣。

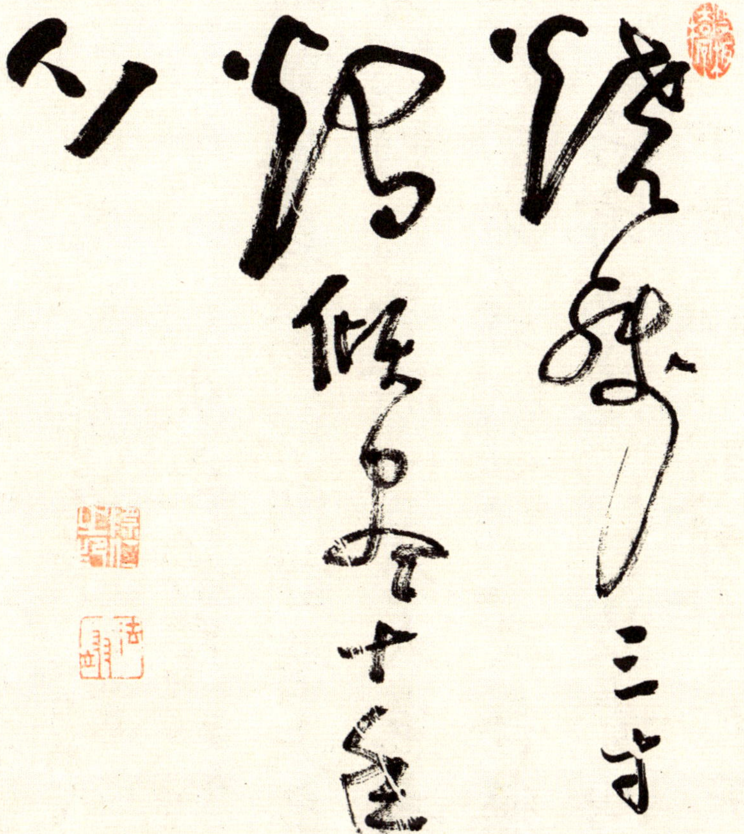

猒恥章第十三

寵辱若驚 無榮無辱此心泰然 貴大患若身 思患預防

何謂寵辱 貴賤貧富 辱為下 人之所惡一本辱作寵 得之若驚 苟非吾之所有 失之若驚 雖一毫而莫取 是謂寵辱若驚 非我何有

何謂貴大患若身 安危累吾心得喪累吾性 吾所以有大患者 心之不寧 身之不安 為吾有身 有我則有身無我則無身 及吾無身 湛然一天我亦非我 吾有何患 忘我忘世天真自然

故貴以身為天下者 心猶君也身猶天下 則可寄於天下 百年如過客萬物如逆旅 愛以身為天下者 能治其身亦猶治國

乃可以託於天下
可以久而
勿失

【厭恥章第十三】

寵辱若驚。貴大患若身。何謂寵辱。辱為下。得之若驚。失之若驚。是謂寵辱若驚。何謂貴大患若身。吾所以有大患者。為吾有身。及吾無身。吾有何患。故貴以身為天下者。則可寄於天下。愛以身為天下者。乃可以託於天下。

【雅音正義】

●厭恥 厭 讀若押上聲 乙甲切，臨也，當也。〇按此厭恥之厭，並非討厭之厭，恥即外境，厭即對境，用心如鏡，則來之不拒，去之不留也。

●寵辱 辱 讀若入，入聲 儒欲切，恥也，與寵相對。【說文】寵，尊居也。另，恥，侮辱之言入於耳而慚於心也。

●失之若驚 失 讀若室入聲 式質切，與得相對。

●及吾無身 及 入聲 極入切。【說文】逮也。從又從人。引申為至也。下同。

●可以託於天下 託 托之異體字，讀若拓入聲 他各切，寄也。【說苑·善說篇】上士可以托色，中士可以托辭，下士可以托財。

贊玄章第十四

視之不見名曰夷（身中之心）聽之不聞名曰希（心中之性）摶之不得名曰微（性中之神）此三者不可致詰（不可以說說惟當以會會）故混而為一◯其上不皦（性無體）其下不昧（神無方）繩繩兮不可名（綿古亘今昭然獨存）復歸於無物（見物便見心）是謂無狀之狀（心無形相）無物之象（性無形象一本作無象之象）是謂惚恍（神無去來）迎之不見其首（其來非今）隨之不見其後（其去非古）執古之道（本自圓成）以御今之有

本無生死
如是如是

能知古始

古即今今即古
聽其自古自今

是謂道紀

【贊玄章第十四】

視之不見名曰夷。
聽之不聞名曰希。
摶之不得名曰微。
此三者不可致詰。
故混而為一。
其上不皦。其下不昧。
繩繩兮不可名。複歸於無物。
是謂無狀之狀。無物之象。
是謂惚恍。
迎之不見其首。隨之不見其後。
執古之道。以禦今之有。
能知古始。是謂道紀。

【雅音正義】

● 曰 讀若越入聲 王伐切，謂也，稱也。下同。

● 聽之不聞 闻 读若問去声 文運切，聲所至也。【詩・小雅】聲聞于天。按此地与上句之见、下句之得均仄声。

● 摶之不得 摶 讀若博入聲 伯各切，取也。【說文】索持也。

● 不可致詰 詰 讀若吉入聲 去吉切，問也。釋德清：致詰，猶言思議。

● 混而為一 混 讀若渾上聲 胡本切，混沌，元氣未分也。

● 其上不皦 皦 讀若皎上聲 吉了切，皦，皎也。【說文】皦，玉石之白；皎，月之白。

● 不昧 昧 讀若妹去聲 莫佩切，冥也，暗也。蘇軾：物之有形，皆麗於陰陽，故上皦下昧。不可以形數推也。

● 繩繩兮 繩 讀若泯上聲 弭盡切，繩繩，無涯際貌。一曰運動不絕意。

● 複歸 複 讀若伏入聲 房六切，返也，還也。下同。

● 惚恍 惚 讀若忽入聲 呼骨切，於無非無曰惚。恍，音慌上聲 虛往切，於有非有曰恍。蘇軾：有無不可名狀，故謂之惚恍。

● 執古之道 執 讀若汁入聲 之入切，持也。下同。

● 道紀 紀 讀若己上聲 居裡切。【說文】紀者，別理絲數也。〇按此道紀，古人云常道之綱紀，自古固存，當執古道以禦今，如網有綱紀而不紊也。

弘仁

顯德章第十五

古之善爲士者明心見性微妙玄通允執厥中深不可識吾道一以貫之不可得而聞也夫惟不可識惟精惟一故強爲之容謂之道也皆吾心焉豫兮若冬涉川得處徹骨猶兮若畏四鄰君子慎其獨儼兮其若客毋不敬渙兮若冰之將釋心開神悟敦兮其若樸終日不違如愚曠兮其若谷庶乎屢空憶則屢中渾兮其若濁心與道冥孰能濁以靜之徐清澄之不清撓之不濁孰能安以久動之徐生昔既不生今亦不滅保此道者道不假脩但莫染汙

不欲盈 道無窮心無盡 夫惟不盈 有成者有敗道本無成敗

故能弊 潛龍勿用 不新成 喚作如如早是變了也

【顯德章第十五】

古之善為士者。

微妙玄通。深不可識。

夫唯不可識。故強為之容。

豫兮若冬涉川。猶兮若畏四鄰。

儼兮其若客。渙兮若冰之將釋。

敦兮其若樸。曠兮其若穀。

渾兮其若濁。

孰能濁以靜之徐清。

孰能安以久動之徐生。

保此道者。不欲盈。

夫唯不盈。故能弊不新成。

【雅音正義】

●深不可識 識 讀若式入聲 設職切，認也，知也，見識也。【說文】常也。一曰知也。下文不可識之識同此。

●故強為之容 強，上聲 其兩切，勉也。【禮・中庸】或勉強而行之。

●豫兮 豫或作與 讀若預去聲 羊茹切，象類。又猶、豫，二獸名，性多疑。凡人臨事遲疑不決者，藉以為喻。

●若冬涉川 涉 讀若射入聲 實攝切，水及膝上徒行過水。

●猶兮 猶，讀若由平聲 夷周切。本義指某獸，玃屬，如麂，善登木。聞人聲猶登木，無人乃下。

●儼兮 儼讀若嚴上聲 疑檢切，本義昂頭也。〇按此為恭敬之貌（好貌）。

●若客 客 讀若闊入聲 苦格切，賓也。又，【禮・司儀】諸公相為賓，諸公之臣相為國客。先秦之禮，賓與客為上下級。又凡自外至者皆曰客。

●渙兮若冰之將釋 渙 讀若喚去聲 呼貫切，水名，又水盛貌。將，讀若漿平聲 資良切，大也。【詩・小雅】亦孔之將。冰釋，言消散也；將釋，冰融而化之。〇按此地形容善為士者，循理應物，除情去欲，日以空虛。

●若樸 樸 讀若璞入聲 匹角切，木素也，凡器未成者，皆謂之樸。〇按此言善為士者內守精神，外無文采，守道以約。下同。

●渾兮其若濁 渾 讀若魂平聲 胡昆切，混流聲，又水濁不流也。濁 讀若濯入聲 直角切，水不清也，又水名。渾兮其若濁，古人云言善士者誠於中而虛且通，形諸外而不流俗，合於道而其心不可測也。

●孰能 孰 讀若淑入聲，神六切，誰也。下同。

歸根章第十六

至虛極（忘形）守靜篤（忘心）萬物並作（忘物忘我）吾以觀其復（回光返照見天地心）夫物芸芸（身外無為）各復歸其根（洞見本來靈光獨耀）歸根曰靜（無生無滅）靜曰復命（我無生死我不能無生死我能生死我本無生死）復命曰常（常光現前如如不動）知常曰明（心死方得神活魄滅然後魂昌）不知常（道不可以須臾離也）妄作凶（一念所形無非妄幻）知常容（其大無外）容乃公（其小無內）公乃王（能為萬象主不遂四時凋）王乃天（本有之天）天乃道（一炁之始萬象之祖）道乃久（道即心心即道）沒身不殆（心無生死道無往來）

【歸根章第十六】

致虛極。守靜篤。
萬物並作。吾以觀其複。
夫物芸芸。各複歸其根。
歸根曰靜。靜曰覆命。
覆命曰常。知常曰明。
不知常。妄作凶。
知常容。容乃公。公乃王。王乃天。天乃道。
道乃久。沒身不殆。

【雅音正義】

●至虛極 極入聲 竭憶切，屋脊之棟之謂極，今人謂高及甚為極，義出於此。

●守靜篤 篤 讀若督入聲 冬毒切，厚也。范應元：致虛、守靜，非謂絕物離人也。萬物無足以撓吾本心者，此真所謂虛極、靜篤也。〇按此極，言心之清淨；篤，言功夫之純熟。

●沒身不殆，沒，讀若歿入聲 莫勃切，終也。殆，讀若待 蕩亥切，危也。

淳風章第十七

太上心之精神是謂之聖下知有之萬物皆有此理其次親之譽之有物生天地無名本寂寥其次畏之百姓日用而不知也其次侮之寂然不動感而遂通信不足不知有此理只為大分明有不信平常心是道不用生分别猶兮其貴言尚何言哉功成事遂此理素存此心素有百姓皆謂我自然圓陀陀光爍爍淨躶躶赤洒洒

【淳風章第十七】

太上。下知有之。

其次親之譽之。其次畏之。其次侮之。

信不足，有不信。

猶兮其貴言。功成事遂。百姓皆謂我自然。

【雅音正義】

●其次侮之 侮 讀若武上聲 罔甫切，言語不敬（慢易也）。信不足 足，入聲 即玉切，滿也，止也。下同。

●猶兮 猶，讀若由平聲 夷周切，尚也。

俗薄章第十八

大道廢自昧固有之心本来之性有仁義非其本真智慧出終非本然有大僞即非自然六親不和自捆分别有孝慈盖所當然國家昏亂生死岸頭身心茫然有忠臣到此方知有所養也

【俗薄章第十八】

大道廢。有仁義。
慧智出。有大僞。
六親不和。有孝慈。
國家昏亂。有忠臣。

【雅音正義】

●俗薄 俗 讀若續入聲 松玉切，續也，習也。上所化曰風，下所習曰俗。薄 讀若泊入聲 傍各切，林草不交曰薄、草叢生曰薄。〇按此俗薄言上古之時上下相安，去古既遠漸失自然，如雜草叢生而林木失秀。

●大道 大音泰，同太。陳獨秀：古無太字，太子、太宰、太王、太原之太，古均作大，近世太字乃說文所謂古文泰之省變。中古音，大小之大音汏去聲 徒蓋切；又音泰，經史大、太、泰通。

●大僞，大，讀常音。

還淳章第十九

絶聖任其天然棄智寂然無念民利百倍清明在躬志氣如神絶仁聽其自尒棄義皇恤有餘民復孝慈安時處順絶巧忘機棄利泯慮盜賊無有心兵不起方寸太平此三者忘形以養炁忘炁以養神忘神以養虛以為文不足使其使然孰若自然故令有所屬應無所著洞然無我見素抱樸

○少私寡欲見素抱朴

【還淳章第十九】

絕聖。棄智。民利百倍。

絕仁。棄義。民複孝慈。

絕巧。棄利。盜賊無有。

此三者。以為文不足。

故令有所屬。見素抱樸。少私寡欲。

【雅音正義】

●絕聖、絕仁、絕巧 絕 入聲徂雪切，本義為斷絲。○按此皆不續也。

●盜賊 賊 讀若責入聲 昨則切，盜也。非所取而取之謂之盜，傷人害命謂之賊。

●令有所屬 令 讀若零去聲 力征切，善也。

●見素抱樸 見 讀若現去聲 古甸切，顯露也。

樸 讀若璞入聲 匹角切，木素也，凡器未成者，皆謂之樸。【莊子】同乎無知其德不離，同乎無欲是謂素樸。

●文不足，文，讀若問去聲 文運切。飾之也。

異俗章第二十

絕學無憂（無事無為何思何慮）唯之與阿相（一氣聚散）去幾何（所過者化）善之與惡（一念動靜）相去何若（所存者神）人之所畏（生死亦大矣）不可不畏（生死事大無常迅速）荒兮其未央哉（流浪生死汎濫聲色）衆人熙熙（守真之志不堅逐物之情易蕩）如享太牢（於道無味）如春登臺（恣縱情慾）我獨怕兮其未兆（專炁致柔能如嬰兒）如嬰兒之未孩（冥冥然而無所知寐〻然而無所為）乘乘兮若無所歸（應無所往而生其心）衆人皆有餘（不知戢歛）而我獨若遺（惟恐失之）我愚人之心

也哉 離種ゝ邊名為妙道 沌沌兮 觀空亦空 俗人昭昭 耳目所娛徇真已喪 我獨若昏 終日如愚 俗人察察 用心不已 勞神不止 我獨悶悶 若有所思實無思者 忽兮若海 道無邊際 一本作忽若晦 漂兮若無所止 一心自如萬物無着 一本作寥兮似無所止 衆人皆有以 一人之心有限萬機之事無窮 而我獨頑似鄙 身如槁木心若死灰 我獨異於人 道不遠人人遠乎道 而貴食母 夫道一而已矣

【異俗章第二十】

絕學無憂。唯之與阿。相去幾何。善之與惡。相去何若。人之所畏，不可不畏。荒兮其未央哉。衆人熙熙。如享太牢。如春登臺。我獨怕兮其未兆。如嬰兒之未孩。乘乘兮若無所歸。衆人皆有餘。而我獨若遺。我愚人之心也哉。沌沌兮。俗人昭昭。我獨若昏。俗人察察。我獨悶悶。忽兮若海。漂兮若無所止。衆人皆有以。而我獨頑似鄙。我獨異於人。而貴食母。

【雅音正義】

●絕學無憂 絕 入聲，斷也，滅也。學 入聲，胡覺切，受教傳業曰學，又效也。下同。絕學，絕外學之偽，循自然之真。

●唯之與阿 唯 讀若違上聲 於委切，喏也，恭應也，晚輩應長輩之聲。

與 讀若予上聲 演女切，如也。

阿 通呵，呵亦作歌，音呵平聲 虎何切，氣出慢應之聲，怠慢不敬也。

●相去幾何 幾讀若機上聲居希切，微也。何讀若活平聲寒歌切，未多時曰無何，亦曰無幾何。

●善之與惡 與上聲，如也。惡讀若臥入聲烏各切，不善也。又【通論】有心而惡謂之惡，無心而惡謂之過。

●我獨怕兮 獨讀若犢入聲杜穀切，單也。下同。怕，與泊通，讀若薄入聲白各切，澹泊，恬靜無為貌。

●嬰兒，兒，讀若倪。參見第十章。

●乘乘兮他本又作縄縄兮，蓋乘與縄音同。乘、縄讀若泯上聲弭盡切。縄縄，無涯際貌。一曰運動不絕意。王弼：我乘乘如窮鄙無所歸就。又它本乘乘作儽儽，讀若壘上聲力追切。范應元：聖人之心常虛常靜無去無來故，故儽儽兮；外無文飾若不足，內不離道似無所歸也。

●沌沌 沌同忳讀若頓入聲都困切，愚貌，渾然不分也。

○按聖人之心渾然天理，終日如愚，蒙人之心也哉。

●察察 讀若恰入聲初八切，苛察也。釋德清：察察，即俗謂分星擘兩，絲毫不饒人之意。

●悶悶 讀若捫平聲莫奔切，昏昧不分別也。范應元：謂俗人皆察察用智，我獨悶悶存真。

●食母 食兩讀。其一，讀若蝕入聲實職切，殖也，所以自生殖也。其二，讀若寺去聲相吏切，以食與人也。

虛心章第二十一

孔德之容（大無不包）惟道是從（細無不入）道之爲物○惟恍惟惚（不可以知之不可以識之）惚兮恍兮（即心即道）其中有象○恍兮惚兮（即道即心）其中有物○窈兮冥兮（心與道合）其中有精○其精甚真○其中有信○自古及今（心無所始亦無所終）其名不去（人能弘道非道弘人）以閱衆甫（萬物之中惟道爲大）吾何以知衆甫之然哉（五行之中爲人最靈）以此○

【虛心章第二十一】

孔德之容。惟道是從。
道之為物。惟恍惟惚。
惚兮恍兮。其中有象。
恍兮惚兮。其中有物。
窈兮冥兮。其中有精。
其精甚真。其中有信。
自古及今。其名不去。以閱眾甫。
吾何以知眾甫之然哉。以此。

【雅音正義】

● 惟恍惟惚 恍、惚，同第十四章。

● 窈兮冥兮 窈 讀若杳上聲 烏皎切，深也，靜也。【莊子・在宥篇】至道之精，窈窈冥冥。嚴靈峰：窈，微不可見；冥，深不可測。

● 以閱眾甫 閱 讀若悅入聲 魚厥切，受命曰稟。

益謙章第二十二

曲則全（性不可窮）枉則直（神不可測）窪則盈（心不可盡）弊則新（以心盡心）少則得（以性窮性）多則惑（以神測神）是以聖人抱一為天下式（心即性々即神々即道）不自見故明（見見之時見非是見見猶離見々不能及）不自是故彰（多少分明）不自伐故有功（心上工夫何分彼此）不自矜故長（寸心不昧終古長存）夫惟不爭（忘我）故天下莫能與之爭（我尚自忘何況非我）古之所謂曲則全者（性不可窮）豈虛言哉（是真實者）誠全而歸之（一念既正無往不正）

【益謙章第二十二】

曲則全。枉則直。窪則盈。弊則新。少則得。多則惑。是以聖人抱一為天下式。不自見故明。不自是故彰。不自伐故有功。不自矜故長。夫唯不爭。故天下莫能與之爭。古之所謂曲則全者。豈虛言哉。誠全而歸之。

【雅音正義】

●益謙 益 入聲 伊昔切。益，器滿也。益謙，謙德圓滿也。

●曲 讀若哭入聲 丘玉切。【說文】象器受物之形。木可以揉曲直。

●枉則直 枉 讀若汪上聲 嫗往切。斜曲也。又人之不直者，亦謂之枉。直 逐力切，正也。蘇軾：聖人動必循理。理之所在，或直或曲，要於通而已。……循理雖枉而天下之至直也。

●窪則盈 窪 平聲 烏瓜切。深也，清水也。一曰窊也（凹也），汙下也。

●弊則新 弊同敝，讀若百去聲 毗祭切，敗衣也。范應元：地之窊下者則水趨之必盈，此譬人之德行皆當持謙也。物之凋敝者則春生之又新，此譬人之窮達皆當循理也。地與物不過無妄而已。

●多則惑 惑 讀若或入聲 穫北切，疑也，迷也。【說文】亂也。從心或聲。下同。

●為天下式 式 讀若識入聲 設職切，法也，被取法也。下同。【詩·大雅】式是南邦。

●不自見 見音現。吳澄：自見猶云自炫。

●不自伐 伐 讀若罰入聲 房越切，取也。

●不自矜故長 矜 讀若兢平聲 居陵切，自賢曰矜。【書·大禹謨】汝惟不矜，天下莫與汝爭能。長，平聲，長久。

夜静春山空

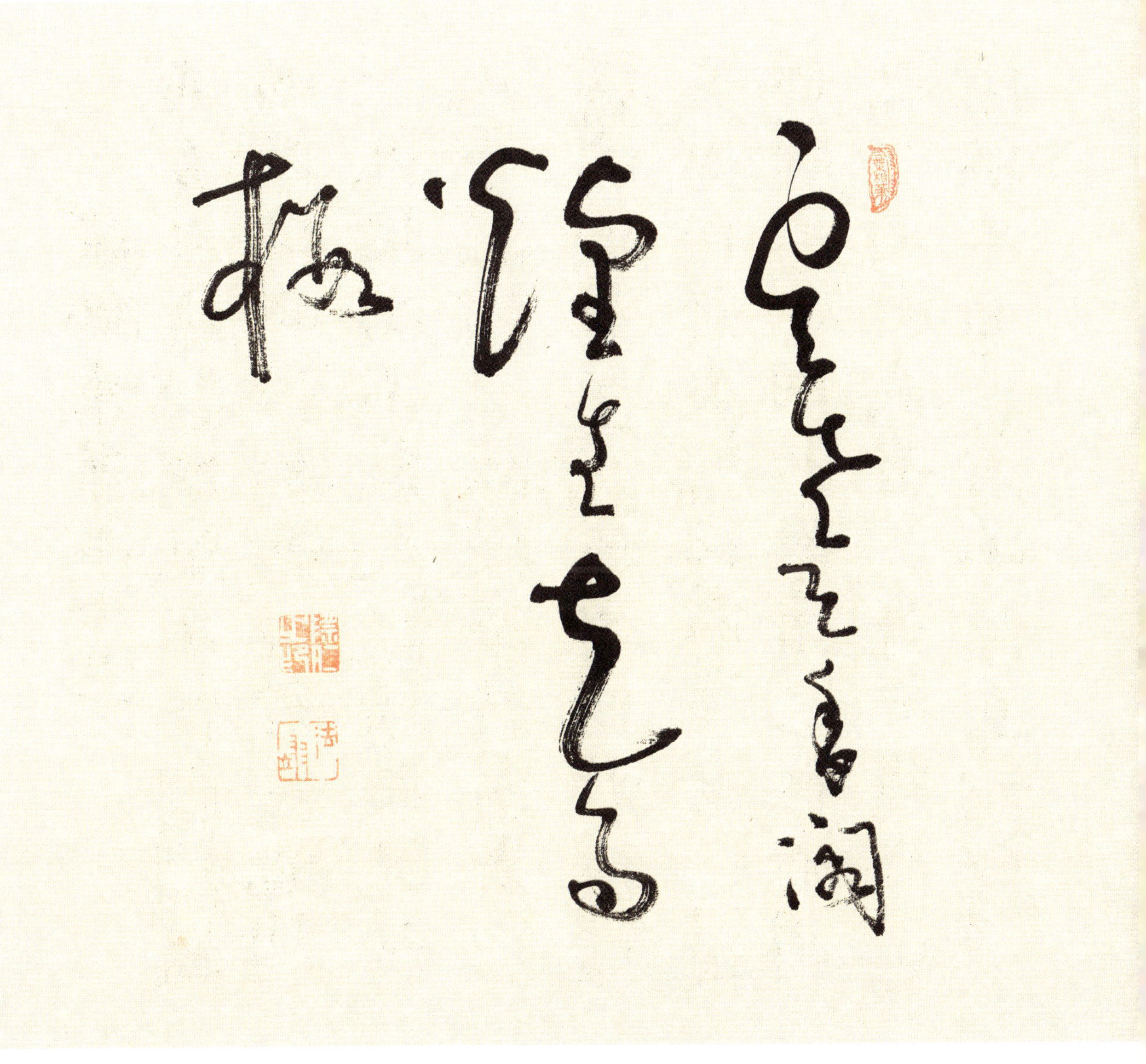

虛無章第二十三

希言自然 無可得說 飄風不終朝 有為者也 驟雨不終日 何可長也 孰為此者天地 終不可久也 天地尚不能久 天地萬物無非妄幻 而況於人乎 惟此心為實餘者即非真 故從事於道者 了心而已 道者同於道 無思即道 德者同於德 為無為 失者同於失 忘所忘 同於道者○道亦得之○同於德者○德亦得之○同於失者○失亦得之○信不足焉 自信不及 有不信焉 日中逃影疾走渴死

【虛無章第二十三】

希言自然。飄風不終朝。驟雨不終日。孰為此者天地。天地尚不能久。而況於人乎。故從事於道者。道者同於道。德者同於德。失者同於失。同於道者。道亦得之。同於德者。德亦得之。同於失者。失亦得之。信不足焉。有不信焉。

【雅音正義】

●飄風不終朝　飄　讀若標平聲畀遙切，旋風也。朝音昭平聲　之遙切，旦也，從旦至食時為終朝。

●驟雨不終日　驟　讀若縐去聲　鉏救切，本義為馬疾步也。【詩・小雅注】小曰馳，不馳而小疾曰驟。又凡疾速曰驟。

●日　入聲　人質切。【說文】實也。太陽之精不虧。此地指一天，從夜半以至明日夜半，周十二辰爲一日。下同。

●道者同於道　前道　讀若到去聲　大到切，從也，道者即從於道之人（志同道合）。末道　讀若倒上聲　所行道也。

●亦　入聲　羊益切。總也，又也。又傍及之詞。下同。

苦恩章第二十四

跂者不立（心如墻壁乃可入道）跨者不行（心性無染體露真常）自見者不明（凡所有相皆是虛妄）自是者不彰（不可以聲色求不可以名相見）自伐者無功（百念雲消而風止寸心霜降而水涸）自矜者不長（真淨明妙虛徹靈通）其於道也○曰餘食贅行（仁者見之謂之仁智者見之謂之智）物或惡之（贅起是病不續是藥）故有道者不處也（不怕念起惟恐覺遲）

【苦恩章第二十四】

跂者不立。跨者不行。
自見者不明。自是者不彰。
自伐者無功。自矜者不長。
其於道也。曰餘食贅行。
物或惡之。故有道者不處也。

【雅音正義】

●跂者 跂 讀若企去聲 去智切，原指足多指也，〇按此為垂足坐或舉足望。立 力入切，入聲，音力。立，林也。如林木森然，各駐其所也。
●跨者 跨 讀若誇平聲 枯瓜切，吳人云坐曰跨。行 读若衡。
●自見 見音現，自賢也。
●自伐 伐 讀若罰入聲 房越切，取也。
●贅行 贅 讀若罪去聲 朱芮切，本義為把貝類等貨幣作抵押後以錢換回，此地指行不當也。行 讀若橫去聲，跡也。
●物或惡之 惡 讀若汙去聲 烏路切，憎也。
●不處也 處 讀若杵上聲 敞呂切，居也。

象元章第二十五

有物混成有物混成〇先天地生先天地生寂兮寥兮獨立而不改廓然獨存周行而不殆無窮無盡可以為天下母能生天地吾不知其名吾即我也字之曰道〇強為之名曰大無邊大曰逝無著逝曰遠無盡遠曰反無住故道大〇天大同乎無始地大同乎無終王亦大心君也域中有四大上無復色下無復淵靈然獨存玄之又玄而王居其一焉即心是道人法地有所據依地法天一靈妙有法界圓通天法道〇道法自然〇道如此而已

【象元章第二十五】

有物混成。先天地生。寂兮寥兮。獨立而不改。周行而不殆。可以為天下母。吾不知其名。字之曰道。強為之名曰大。大曰逝。逝曰遠。遠曰反。故道大。天大。地大。王亦大。域中有四大。而王居其一焉。人法地。地法天。天法道。道法自然。

【雅音正義】

●寂兮寥兮　寂　讀若籍入聲　前曆切，無人聲也，在此指靜而無聲。【易・繫辭】無思也，無為也。寂然不動，感而遂通天下之故。寥讀若聊平聲，空虛也。在此指動而無形。

●強字、強為　強上聲，勉也。為去聲。名曰大，大曰逝　大讀若太去聲。道大、天大、地大、王亦大、四大，大讀常音。

●法地法天法道　法入聲弗乏切，效法。

●道法自然　法入聲，常也。

重德章第二十六

重為輕根（心為萬物之宗）静為躁君（道為一心之體）是以聖人（得道之士）終日行（持心抱一）不離輜重（惟恐喪失）雖有榮觀（無所貪著）燕處超然（心超物外）奈何萬乘之主（心也）而以身輕天下（戀有貪生）輕則失臣（情欲所使）躁則失君（無所持守）

【重德章第二十六】

重為輕根。靜為躁君。是以聖人。終日行。不離輜重。雖有榮觀。燕處超然。奈何萬乘之主。而以身輕天下。輕則失臣。躁則失君。

【雅音正義】

- 輜重　輜　讀若淄平聲　則持切。輜謂衣車，重謂載重，故行者之資總曰輜重。
- 榮觀　觀　讀若灌去聲，樓觀。
- 燕處　燕與宴通，安也。處　上聲，居也。
- 萬乘　乘　讀若剩去聲　石證切，車也。

巧用章第二十七

善行無轍迹（以心知心）善言無瑕謫（以性覺性）
善計不用籌策（以神合神）善閉無關鍵
而不可開（合神於無）善結無繩約而不
可解（合無於道）是以聖人（心一而已）常善救人
（視人猶己）故無棄人（凡厥有生均氣同體）常善救物（見物便是
心見心便見道）故無棄物（心超物外而不外物）是謂襲明
（定能生慧慧可作聖）故善人者（正己處物）不善人之師
（物自物我自我）不善人者（不可離生死而求心不可脫心而離生死）善人
之資（生死自生死此心自此心）不貴其師（道無可學心無可用）不

愛其資（寒灰枯木 死心忘形）雖智大迷（一念萬年）是謂要妙（與道合真）

【巧用章第二十七】

善行無轍跡。善言無瑕讁。善計不用籌策。善閉無關鍵而不可開。善結無繩約而不可解。是以聖人。常善救人。故無棄人。常善救物。故無棄物。是謂襲明。故善人者。不善人之師。不善人者。善人之資。不貴其師。不愛其資。雖智大迷。是謂要妙。

【雅音正義】

●轍跡 轍別作徹，讀若撤入聲 直列切，車輪所碾跡也。跡入聲 資昔切，足跡也，凡有形可見者、凡有所遵循亦曰跡。

●瑕謫，謫讀若責入聲 陟革切，咎也，罪過也。

●籌策，策入聲 測革切。籌策亦作籌筴，猶籌算，古時計算用具。

●關鍵，關，讀若關平聲 姑還切。【說文】以木橫持門戶也。又門牡也。鍵，讀若建去聲 渠偃切。【說文】鉉也。一曰車轄也。○按此地關鍵以開鎖開門鑰匙和機關，譬喻修道之竅訣。

●善結無繩約而不可解 結 入聲，吉屑切，締也。約 入聲 乙卻切，節也，纏束也。解，上聲 舉嶰切，散也。又音蟹，去聲 胡買切，物自解散也。○按此地解上聲。

●襲明 襲 讀若習入聲 席入切，受也。譬如以一炬點燃另一炬，及其明也，混而為一。

反樸章第二十八

知其雄神也守其雌性也為天下谿
心廣體胖為天下谿深妙常德不離顛沛必於是造次必
於是復歸於嬰兒無念知其白性也守
其黑命也為天下式空寂合無專炁致柔為天下
式見聞覺知盡皆空寂常德不忒道在萬物萬物即道復歸於
無極○知其榮心也守其辱我也為
天下谷但可空諸所有不可實諸所無為天下谷虛中常
德乃足身心一如身外無餘復歸於樸大易無極樸散
則為器易有太極是生兩儀聖人用之知有此理則為

官長。如有所畏

故大制不割。心同虛空虛空非心

【反朴章第二十八】

知其雄。守其雌。為天下谿。

為天下谿。常德不離。

常德不離。復歸於嬰兒。

知其白。守其黑。為天下式。

為天下式。常德不忒。復歸於無極。

知其榮。守其辱。為天下谷。

為天下谷。常德乃足。復歸於樸。

樸散則為器。聖人用之。則為官長。

故大制不割。

【雅音正義】

●雄與雌相對。雄 讀若熊平聲 胡弓切。【說文】鳥父也。又牡也。雌 讀若瓷平聲 七移切。【說文】鳥母也。又牝也。注：古文中常對飛禽用雌雄，對走獸用牝牡。范應元：雄以譬剛動也，雌以譬柔靜也。王弼：雄以喻尊，雌以喻卑。白玉蟾則以雄雌譬神與性也。

●為天下谿 谿同磎 讀若溪平聲 牽奚切。宋均曰：有水曰溪，無水曰谷。

●嬰兒 與上句中雌、谿、離音聲相和諧，兒 讀若霓平聲 研奚切，又弱小也。又，男曰兒，女曰嬰。下同。

●白與黑相對。白 讀若帛入聲 薄陌切，西方陰色。【爾雅·釋】秋之氣和，則色白而收藏也。黑 讀若哈入聲 迄得切，北方陰色。【說文】火所熏之色也。【易·說卦】坤其於地也爲黑。

●無極 極 入聲 渠力切，本義為屋脊之棟，又天地未分以前曰太極。朱熹：上天之載，無聲無臭，而實造化之樞紐，品匯之根柢也。故曰無極而太極。非太極之外，複有無極也。式與忒相對。式，讀若識入聲 設職切，法也，又用也。忒，讀若慝入聲 他得切，差也。又與慝通，惡也，邪也。

●榮與辱相對。榮 平聲 于平切，辱之對。辱 入聲 而蜀切。榮指植物茂盛，辱指錯過耕種時節。王弼：榮以喻尊貴，辱以喻汙濁。白玉蟾以榮辱喻心與我也。

●谷與足相對。谷【集韻】窮也。【詩·大雅】進退維谷。疏云谷謂山谷，墜谷，是窮困之義。足，【廣韻】滿也，止也。王弼：人能為天下谷德乃止於己。范應元：虛而能容則常久之德無有不備。是以反歸於純樸也。白玉蟾以谷足囑心虛極而歸於道。

●官長 長音掌上聲 丁丈反，主也，大也。

●故大制不割 割 讀若郭入聲 居曷切，裂也，截也。范應元：大制天下者，其道純而不離于猶朴，全而無割也。釋德清：不割者，不分彼此界限之意。蔣錫昌：大制猶云大治，不割猶云無治。蓋無治，可以使樸散以後之天下複歸於樸，正乃聖人之大治也。

無為章第二十九

將欲取天下而為之欲行此道吾見其不得已道本無為天下神器心之所居不可為也無作無止無任無滅為者敗之道本圓成執者失之愚者逐於外賢者執於內聖人皆偽之吾亦非聖人故物或行或隨念茲在茲或噓或吹思無邪或強或羸善用其心或載或隳精思此理是以聖人我也去甚過猶不及去奢道常如如去泰道無不乏

【無為章第二十九】

將欲取天下而為之。吾見其不得已。天下神器。不可為也。為者敗之。執者失之。故物或行或隨。或噓或吹。或強或羸。或載或隳。是以聖人。去甚。去奢。去泰。

【雅音正義】

●或行或隨，或噓或吹，或強或羸，或載或隳 或字八個，方家音訓多為惑入聲 獲北切，疑也，凡或人或曰皆闕疑之辭。○按或 此地可讀若鬱去聲，通域，意為心地。則與呂純陽、白玉蟾、黃元吉等各家所注皆明修养心性之旨合，即或字八個皆心地之如如是也。此地存疑，與方家探討。

其一，或本義指一定空間或某一區域。【說文】邦也。從口從戈，以守一。一，地也。通作域。蓋或字本義音訓為鬱，義同域。

其二，本章標題無為章，講心上功夫。故或字可解为心地。【語類】天地之間，只有動靜兩端，迴圈不已，更無餘事，此之謂易。而其動其靜，則必有所以動靜之理，是則所謂太極者也。又云：一動一靜，迴圈無端。無靜不成動，無動不成靜。譬諸鼻息，無時不噓，無時不吸，吸盡則生噓。理自如此。

其三，或字義訓，除越逼切訓邦之外，另獲北切 疑也。

【朱子・本義】疑而未定之辭。此地或訓疑，則上下文意不甚通順。

●或嘘或吹 嘘 读若虚平聲 休居切，吹也。吹 读若炊平聲，樞爲切，出氣也。

【正韻】蹙脣吐氣曰吹，虚口出氣曰嘘。吹氣出於肺屬陰故寒。嘘氣出丹田屬陽故溫。又吹嘘。【揚子・方言】吹，助也。註曰：吹嘘，相佐助也。王弼：嘘，溫也。吹，寒也。有所溫必有所寒也。【玉篇】引聲類曰：出氣急曰吹，緩曰嘘。此吹嘘之別也，即老子古義也。

●或強或羸 強 剛強也，健也。羸 讀若雷上聲，倫為切，瘦也。

●或載或隳 載 读若在去聲 昨代切，舟車運物也。隳，讀若毀上聲，許規切，敗城阜曰隳，毀也，廢也。河上公：載，安也。隳，危也。

●去甚去奢去泰 去字三個，皆讀若取上聲 丘舉切，徹也。又藏也。

●奢 讀若賒平聲 詩遮切，又侈也。奢，本義為張也，甲骨文字形，似大鼎內煮了許多肉，引申為奢侈。侈讀若齒上聲，尺裡切，奢也，泰也。侈，一曰奢也。【說文】多費謂之侈。

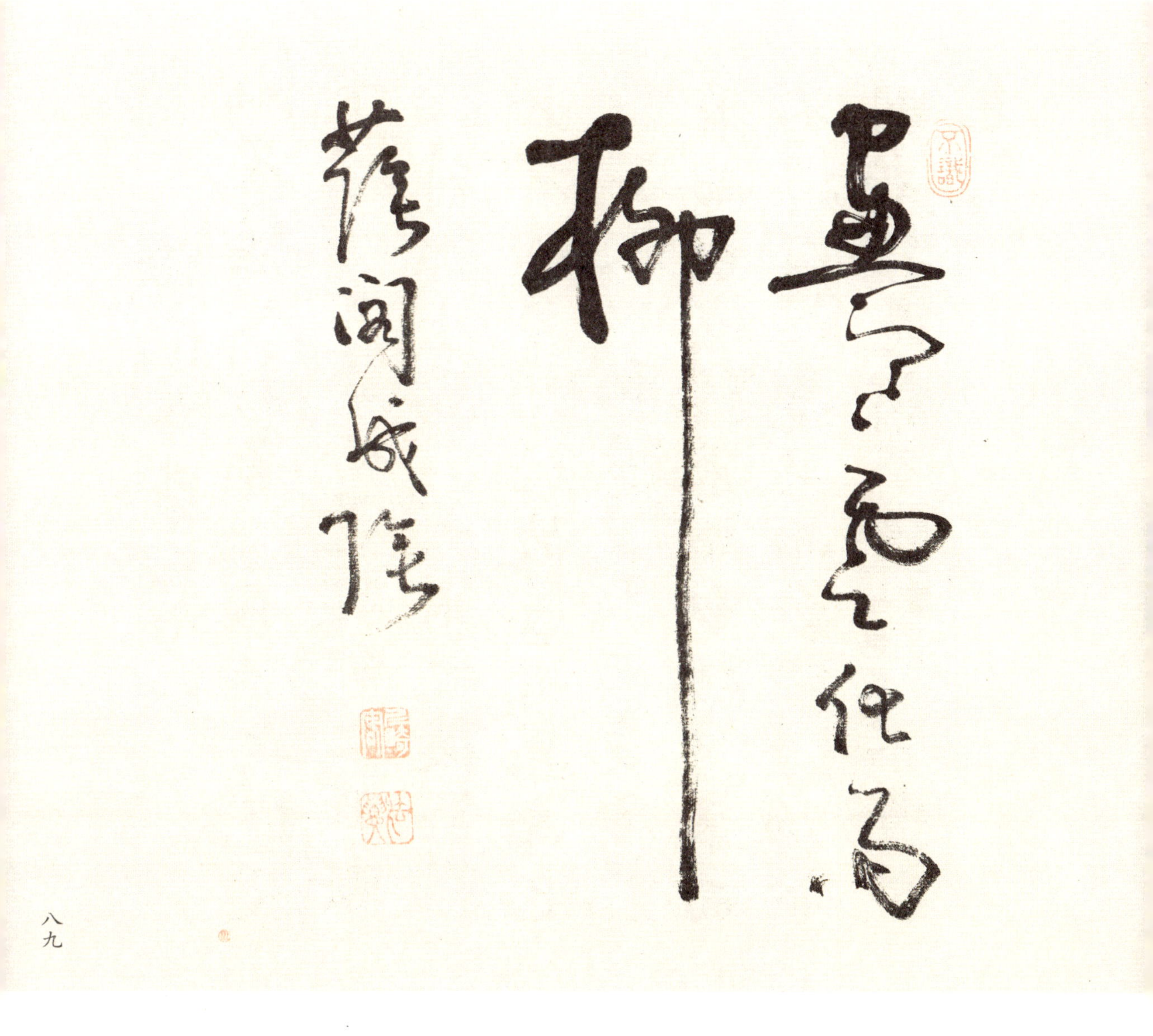

儉武章第三十

以道佐人主者（道與心合）不以兵强天下（善勝在於不爭）其事好還（歸根復命）師之所處（心兵所起）荊棘生焉（心荒神狂）大軍之後（心與物馳事與心戰）必有凶年（情欲驅馳神氣昏耗）故善者果而已（定力所到）不敢以取强（忘我而已）果而勿矜（靜以待之）果而勿伐（默而守之）果而勿驕（存之以和）果而不得已（用之以虛）是果而勿强（虛無自然）物壯則老（心爲物移）是謂不道（性爲心所蔽）不道早已（神爲性所窒）

【儉武章第三十】

以道佐人主者。不以兵強天下。其事好還。師之所處。荊棘生焉。大軍之後。必有凶年。故善者果而已。不敢以取強。果而勿矜。果而勿伐。果而勿驕。果而不得已。是果而勿強。物壯則老。是謂不道。不道早已。

【雅音正義】

●其事好還　好　讀若耗去聲　呼到切，喜愛。還　音旋平聲，旬宣切，與旋同。轉也。

●荊棘　棘　讀若殛入聲，紀力切。棘如棗而多刺，木堅，色赤，叢生，人多以爲藩。歲久無刺，亦能高大如棗。

荊　讀若京平聲　居卿切。【本草】牡荊。註曰古者刑杖以荊，故字從刑，其生成叢而疎爽，故又謂之楚。荊楚之地，因多產此而名也。

●必有凶年　必　入聲　璧吉切，定辭，一定。下同。

●不道早已　道　去聲，久不行道也。

偃武章第三十一

夫佳兵者不祥之器以心勝物終莫能勝物或
惡之為物所謗故有道者不處不離生死而離生死是
以君子居則貴左忘心用兵則貴
右任真兵者不祥之器不得已而用之非君
子之器觸來勿與競事過心清涼不得已而用之
欲求合道乃不合道恬惔為上寂然勝而不美求欲凝神
神乃不凝而美之者用志不分乃凝於神是樂殺人用心一處
無事不辦夫樂殺人者絕欲則不可得志
於天下矣凡百是念故吉事尚左不可師心凶

事尚右（當為心師）偏將軍居左（省心）上將軍居右（全神）言以喪禮處之（若論此事如喪考妣）殺人之衆（六賊之兵已息三尸之火不焚一本之衆作衆多）以悲哀泣之（心死神存）戰勝則以喪禮處之（孤光獨照）

【偃武章第三十一】

夫佳兵者不祥之器。物或惡之。故有道者不處。是以君子居則貴左。用兵則貴右。兵者不祥之器。非君子之器。不得已而用之。恬淡為上。勝而不美。而美之者。是樂殺人。夫樂殺人者。則不可得志於天下矣。故吉事尚左。凶事尚右。偏將軍居左。上將軍居右。言以喪禮處之。殺人之眾。以悲哀泣之。戰勝則以喪禮處之。

【雅音正義】

●偃武 不用武力。偃 讀若煙上聲 隱巘切，【說文】僵也，僕也。又靡也，臥也。

【書·武成】偃武修文。

●用兵則貴右 右 上聲去聲皆可。上聲雲久切，音有。義同。〇按【集韻】有上去二音，義實相通。【正韻】於上聲訓左右手，去聲訓右助，二音分二義，非。

●是樂殺人、夫樂殺人者、殺人之眾 樂 讀若洛入聲 曆各切，喜樂也，以殺為樂。殺 讀若煞入聲 山戛切，戮也。又斬以鈇鉞，殺以刀刃。

●吉事尚左 吉 入聲 激質切，善。

●以悲哀泣之 泣 入聲 乞及切，默默流眼淚。【說文】無聲出涕也。

聖德章第三十二

道常無名○樸雖小（亦甚大）天下不敢臣（道為萬化之君）侯王若能守（守一）萬物將自賓（心為主物為客）天地相合（身心一如）以降甘露（大道得矣）民莫之令而自均（心無病而身自安心無為而神自化）始制有名（道也）名亦既有（心也）夫亦將知止（性也一本作天亦將知之下同）知止所以不殆（神也）譬道之在天下（心之在我）猶川谷之與江海（萬法歸一歸一而已）

【聖德章第三十二】

道常無名。樸雖小。天下不敢臣。侯王若能守。萬物將自賓。天地相合。以降甘露。民莫之令而自均。始制有名。名亦既有。夫亦將知止。知止所以不殆。譬道之在天下。猶川谷之于江海。

【雅音正義】

●天地相合　合　讀若盍入聲　胡閣切，會也。范應元：王侯若能守道，則萬物將自賓服，何以兵為。無殺氣則天地之氣亦交通成和，以降甘露，豈有凶年至於人。亦不待發號施令而自均平。

●以降甘露　降　兩讀　讀若洪或絳皆可。降讀去聲自玉篇始。【唐韻正】古音洪，凡降下之降，與降服之降，俱讀為平聲。故自漢以上之文無讀為去聲者。【玉篇】下也，落也，歸也。○按降以去聲為正音自【玉篇】始。

●民莫之令，令，去聲，力正切，律也，法也，告戒也。

辯德章第三十三

知人者智不為物所轉也自知者明以心合道勝人者有力必於其道而化自成自勝者強真積力久知足者富何物非道強行者有志有志者事竟成不失其所者久性常存也死而不亡者壽神不死也

【辨德章第三十三】

知人者智。自知者明。勝人者有力。自勝者強。知足者富。強行者有志。不失其所者久。死而不亡者壽。

【雅音正義】

● 強行者有志　強　讀若搶上聲　其兩切。勤也，勉也。行　讀若衡平聲。陳景元：強行者，謂勤而行之也。

● 死而不亡者壽　亡　兩讀皆通。亡　如字，讀若王平聲　武方切，失也，滅也。又，讀若無平聲，同無，不有也。

任成章第三十四

大道汎兮 心無方所
其可左右 了無所知
萬物恃之以生而不辭 大道無生不免於生萬化自生大道無生
功成不名有 實無所淂
愛養萬物 道能育物一本愛養作衣被
而不為主 忘其所自
故常無欲 而不為主
可名於小矣 道雖小含萬物
萬物歸焉 人能虛心道自歸之
而不為主 尚自不見乎我將何有於我哉
可名於大矣 何所不容
是以聖人 心也
終不為大 粟中藏世界芥子納須弥
故能成其大 諸佛法身入我性我性同共如來合

【任成章第三十四】

大道泛兮。其可左右。

萬物恃之以生而不辭。功成不名有。

愛養萬物。而不為主。

故常無欲。可名於小矣。

萬物歸焉。而不為主。可名於大矣。

是以聖人。終不為大。故能成其大。

【雅音正義】

- 任成 任 讀若仁平聲 如深切，誠篤也。又以恩相信曰任。
- 大道 太 音泰去聲。
- 泛 讀若犯去聲 孚梵切。【說文】浮貌。一曰任風波自縱也。

仁德章第三十五

執大象○天下往（萬物歸焉）往而不害（道無鬼神獨往獨來）安平泰（心安則性平性平則神泰）樂與餌（從心不踰矩）過客止（邪念自絕）道之出口（淡而有味）淡乎其無味（無味之味）視之不足見（道無形）聽之不足聞（道無聲）用之不可既（道無盡）

【仁德章第三十五】

執大象。天下往。

往而不害。安平泰。

樂與餌。過客止。

道之出口。淡乎其無味。

視之不足見。聽之不足聞。

用之不可既。

【雅音正義】

●大象，大音泰。

●樂與餌，音樂和美食。樂 讀若嶽入聲 逆角切。【說文】五聲八音之總名。餌 兩讀皆通。餌 讀若耳上聲 忍止切。又，餌 讀若二去聲 而至切。義同。食也，餅也，餻也。又陰以利誘人曰餌。范應元：此起譬也，張樂設餌以留過客。

●道之出口 出 去聲 尺類切，自中而外也。又【正韻】凡物自出，則入聲。非自出而出之，則去聲。然亦有互用者。

●不足見，見同現。

●聽，去聲，聆也。

●不足聞，聞 音同問。【韻會】聲所至也。

白蛇起蛰一声雷

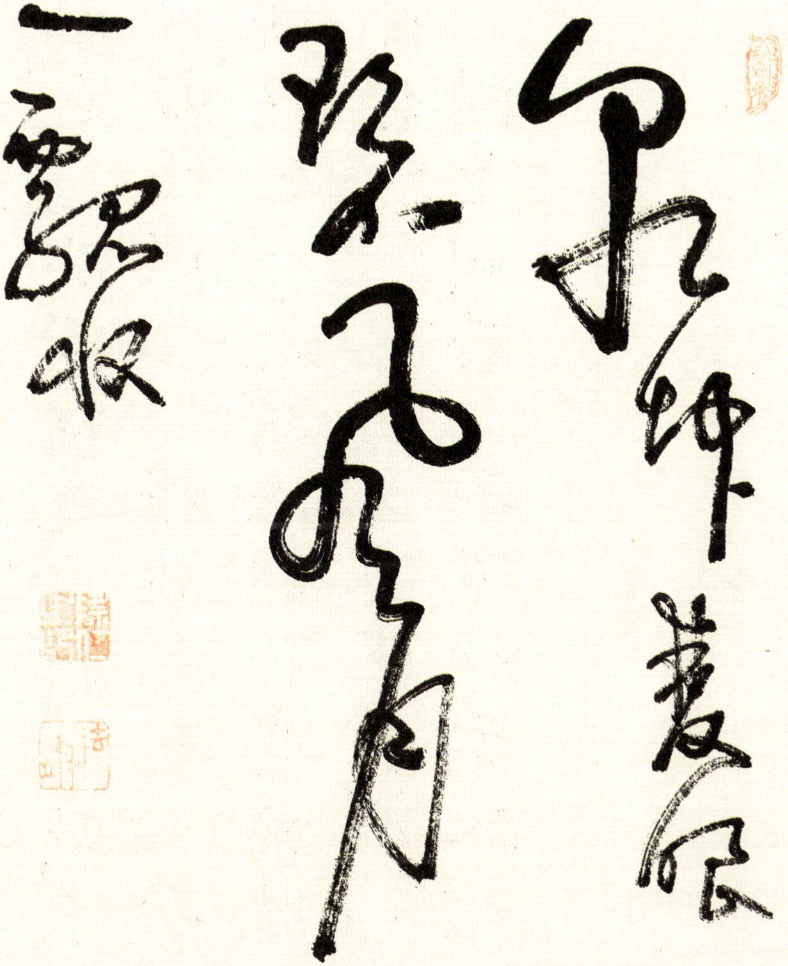

微明章第三十六

将欲翕之摄心必固张之忘物将欲弱之忘形必固强之忘我将欲廢之忘心必固興之忘性将欲奪之忘神必固與之忘道是謂微明忘其所得柔弱勝剛强遊心於物而不為物所囿魚不可脱於渊心不出乎道國之利器天理固存不可以示人人欲自盡

【微明章第三十六】

將欲歙之。必固張之。將欲弱之。必固強之。將欲廢之。必固興之。將欲奪之。必固與之。是謂微明。柔弱勝剛強。魚不可脫於淵。國之利器。不可以示人。

【雅音正義】

●將欲歙之 噏 兩讀皆可義同。歙 讀若吸入聲 迄及切。【說文】縮鼻也。一曰斂氣也。又讀若攝入聲 失涉切，義同。

●將欲奪之 奪 讀若剁入聲 徒活切，強取也。

●魚不可脫於淵 脫 讀若剁入聲，離也。下同。淵 音弸平聲 烏圓切。【管子・度地篇】水出地而不流者，名曰淵。又深也。

爲政章第三十七

道常無爲（用之不可既）而無不爲（何所施而不可）侯王若能守（心主於道）萬物將自化（萬化自然）化而欲作（一念欲起）吾將鎮之以無名之樸（要知真一處當使六用廢）無名之樸○亦將不欲（道常無爲）不欲以靜（而無不爲）天下將自正（身心一如一本正作定）

【為政章第三十七】

道常無為。而無不為。
侯王若能守。萬物將自化。
化而欲作。吾將鎮之以無名之樸。
無名之樸。亦將不欲。
不欲以靜。天下將自正。

【雅音正義】

●將鎮之 將 讀若漿平聲 即良切，且。
●鎮 讀若珍平聲 知鄰切，【廣韻】戍也。
●亦將不欲 將 讀若鏘平聲 七羊切，請也，幾願辭也。
【詩·衛風】將子無怒。
●天下將自正 將 讀若漿平聲 即良切。逐漸開始。【說文】有漸之辭。

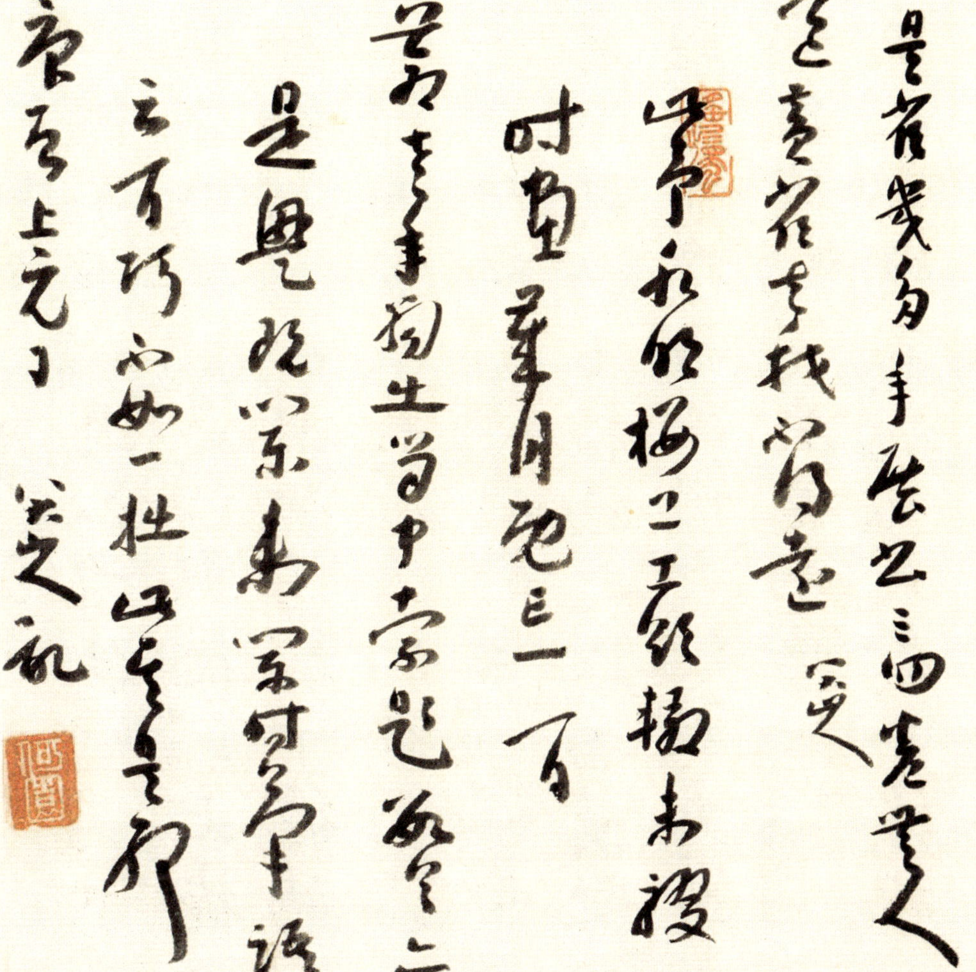

論德章第三十八

上德不德無著是以有德不自有其有下德不失德有所窒礙是以無德與道相違上德無爲無所事於心而無以爲何所爲也下德爲之逐妄迷真而有以爲道無可爲上仁爲之以心合道而無以爲寂然不動上義爲之以物爲心乃昧所見而有以爲流而忘返上禮爲之道法自然而莫之應去道遠矣則攘臂而仍之自昧其天故失道而後德不能神其神失德而後仁不能性其性失仁而後義不能心其心失義而後禮

已失其真

夫禮者忠信之薄而亂之首也

已非自然

前識者道之華而愚之始也

不可以知知知即不知

是以大丈夫處其厚不處其薄

還淳返朴

居其實不居其華

收視返聽

故去彼取此

迴光返照

【論德章第三十八】

上德不德。是以有德。下德不失德。是以無德。上德無為。而無以為。下德為之。而有以為。上仁為之。而無以為。上義為之。而有以為。上禮為之。而莫之應。則攘臂而仍之。故失道而後德。失德而後仁。失仁而後義。失義而後禮。夫禮者忠信之薄而亂之首也。前識者道之華而愚之始也。是以大丈夫處其厚不處其薄。居其實不居其華。

故去彼取此。

【雅音正義】

●上德 上 讀若尚去聲。德分上品下品，上品謂之上德，下品謂之下德。下 讀若哈上聲，在下之下，對上之稱，又後也、賤也。

●攘臂 猶今人云捋臂。攘 讀若穰上聲 如羊切，揎袖出臂曰攘。臂兩讀，讀若碑去聲或壁去聲皆可。

●仍 讀若艿平聲 如陵切，引也，就也，推也。

●忠信之薄 薄 讀若泊入聲 傍各切。薄原指林莫不交、雜草叢生，此言少也。

●前識者 猶言先見也。識 讀若式入聲 設職切，知也，又認也。

道之華，華兩讀皆可。本句下文：處其實，不居其華。若實訓誠，誠則正矣，則華訓不正；若實訓華實，則華訓榮也。

其一，華或作華，蕐又作華，讀若乖平聲 古懷切。蕐草也，引申義亦為不正。按此地取華為不正之意，讀若乖。又，按漢字音同義同源之理，乖有背、戾之義項，故本句華音乖音義亦通。其二，華 讀若花平聲 胡瓜切。榮也，又草盛也。河上公：不知而言知，為前識也。此人失道之實，得道之華。

●處其厚 厚 讀若吼上聲 胡口切。不薄也，重也。下同。

●去彼取此 去 讀若取上聲 丘舉切，又羌呂反。毀也、棄也。下同。取 音娶上聲 此主切。受也，索也。下同。

法本章第三十九

昔之得一者 我是何人 天得一以清◯地得一以寧◯神得一以靈◯谷得一以盈◯萬物得一以生◯侯王得一以爲天下貞◯其致之一也 昔之得一者 天無以清將恐裂 天法道 地無以寧將恐發 地法天 神無以靈將恐歇 道法自然 谷無以盈將恐竭 夫道一而已矣 萬物無以生將恐滅 故去彼取此 侯王無以爲貞而貴高將恐

蹶一點不動萬化自然故貴以賤為本神者性之基高以下為基性者心之本是以侯王心也自稱孤寡不穀無所用其用此其以賤為本耶惟道為身非乎故致數車無車無我不欲琭琭如王不有其有落落如石寘然自全

一本落落作硌硌

【法本章第三十九】

昔之得一者。天得一以清。地得一以寧。神得一以靈。谷得一以盈。萬物得一以生。侯王得一以為天下貞。其致之一也。天無以清將恐裂。地無以寧將恐發。神無以靈將恐歇。穀無以盈將恐竭。萬物無以生將恐滅。侯王無以為貞而貴高將恐蹶。故貴以賤為本。高以下為基。是以侯王。自稱孤寡不穀。此其以賤為本耶。非乎故致數車無車。不欲琭琭如玉。落落（硌硌）如石。

【雅音正義】

●昔 讀若惜入聲 思積切。往也。【春秋谷梁傳・莊公・七年】日入至於星出，謂之昔。【易・說卦】昔者，聖人之作易也。【疏】據今而稱上世，謂之昔者也。

●此章得一，蓋云與道契合，得道也。

得 讀若德入聲 的則切。【說文】行有所得也。【玉篇】獲也。

一 入聲 益悉切，所以動而陽、靜而陰之本體也。【說文】惟初大始，道立於一。造分天地，化成萬物。黃生：有物混成，先天地生，視之不見，聽之不聞，強名曰道，以立造化之根，以成萬事萬物之紀。萬事萬物，其數莫殫，歸根覆命，必統於一。一也者，又道之別名也。在易曰極，在書曰中。極言至，中言央，皆一也。……見仁見仁，不一而足。

●天下貞 貞 音正。范應元：貞，正也。別本貞作正，亦後人避諱也。勞健：按道藏禦注、禦疏本原作正，疏云本或作貞字，貞即正也。開元石刻乃改從貞，范云後人避諱非也。高亨：四十五章曰清靜為天下正，義同。【呂氏春秋・執一篇】執一為天下正。句法並與老子同。

●裂 讀若列入聲 力辥切。本義為裁剪後的絲綢殘餘，此地指破也。【說文】繒餘。【徐曰】裁剪之餘也。又，石碎為破，繒餘為裂。碎，石靡也，裂，如繒破殘也。

●發 讀若髮入聲 方伐切。本義為搭弓引箭，拉滿後箭射出之一刹那，引申為動也。【說文】䠶發也。

●歇 讀若蠍入聲 許竭切，竭盡也。

●竭 讀若傑入聲 巨列切，盡也。

●滅 入聲 莫列切，滅亡。【說文】盡也。

●蹶 讀若厥入聲 居月切。此地指蹶失其位也。【說文】僵也。一曰跳也。【廣韻】失腳。○按本章裂、發、歇、竭、滅、蹶六字均為入聲，所在之六句末字音律諧和於仄聲。裂、滅在【平水韻】入聲九屑，發、歇、竭、蹶在【平水韻】入聲六月。

●數 兩讀二義皆講得通。其一，數 讀若籔上聲 爽主切，計算。【說文】計也。其二，數 讀若朔入聲 色角切，頻數也。范應元：譽稱美也。夫一乃萬物之本，至貴至高而無形無聲，非稱美可盡，而況其它乎。故推而極之，數數稱美者無美也。不德者乃有德也。

●琭琭如玉 琭 讀若祿入聲 盧谷切，原指玉或玉貌。蘇轍：非若玉之琭琭，貴而不能賤，石之珞珞，賤而不能貴也。

●落落如石 落 讀若洛入聲 歷各切。落落，不相入貌，即寡合之態，落落寡合即不合群。另本落落作珞珞，讀若曆曆入聲 郎擊切，與礫同，小石曰礫。石，入聲 常隻切。

去用章第四十

反者道之動（以性全神）弱者道之用（以心全性）天下之物生於有（以我全心一本之物作萬物）有生於無（以無我為全我）

【去用章第四十】

反者道之動，弱者道之用。天下之物生於有。有生於無。

【雅音正義】

●去用章 去 讀若娶上聲 口舉切，藏也。

●反者 反 音返上聲 甫遠切。方家訓反各持一辭，一曰復，曰返。言復返者如蘇軾：復性則靜矣。然其寂然不動，感而遂通。天下之故則。動之所自起也。一曰相反之反，河上公：反，本也。本者，道所以動，動生萬物，背之則亡也。

●道之動 動 讀若懂上聲。道常無為，有感則有應。【韻會】凡物自動，則上聲。彼不動而我動之，則去聲。

●弱者 弱 讀若若入聲 日灼切，柔弱。方家各持一辭，有曰柔弱言道之作用，如范應元：柔弱之至道之用也。有曰弱者即道，如蘇軾：道無形無聲，天下之弱者莫如道，而天下之至強莫能加焉。此其所以能用萬物也。

同異章第四十一

上士聞道◯勤而行之（如無手人欲行奉也）中士聞道◯若存若亡（啞者得夢）下士聞道◯大笑之（百姓日用而不知也）不笑不足以為道◯故建言有之（曰理見道）明道若昧（不昧本來）進道若退（為道日損）夷道若纇（不生分別）上德若谷（包含萬化）大白若辱（大無不包）廣德若不足（惟恐不及）建德若偷（常懷此念一照一用）質真若渝（不自以為我）大方無隅（神無方）大器晚成（道生於萬物之先而成於萬物之後）大音希聲（無所覺知）大象

無形（無所名相）道隱無名（無所可說）夫惟道○

善貸且成（能化其化而不自化）

【同異章第四十一】

上士聞道。勤而行之。

中士聞道。若存若亡。

下士聞道。大笑之。不笑。不足以為道。

故建言有之。明道若昧。進道若退。夷道若纇。上德若谷。大白若辱。廣德若不足。建德若偷。質真若渝。

大方無隅。大器晚成。大音希聲。大象無形。

道隱無名。夫唯道。善貸且成。

【雅音正義】

●夷道若纇 纇 讀若磊去聲 盧對切，偏也。范應元：道之夷者，高下隨宜，故如不平等也。夷，等也，儕也（音柴，等輩也）。

注：昧，退，纇，皆屬【平水韻】十一隊，所在三句音律和諧。

●偷，讀若餘，容朱切，《說文》：苟且也。

●質真若渝 質 入聲 職日切，體也。

●本章大方無隅、大器晚成，大音希聲，大象無形之大方、大器、大音、大象，方家多有坐實之說：最方正者似無棱角、最貴重之器物總是最晚完成、最大音聲幾乎聽不見、最大形象卻不見足跡云云。竊以為不然。此地，大方、大器、大音、大象，大讀泰，是大小之大、最大的大。古無太字，太子、太宰、太王、太原之太，古均作大。按經史太字俱作大。如大極、大初、大素、大廟、大學及官名大師、大宰之類。又作泰，如泰卦、泰壇、泰誓、泰春、泰夏、泰秋、泰冬之類。大方即太方，大器即太器，大音即太音，大象即太象，無隅、晚成、希聲、無形，皆言道之用。大意為：道，无法用時空、前後、聲音、形狀來稱道。另，上句大白若辱之大亦音泰。

●善貸且成 貸，讀若代去聲 吐貸切，施也（施讀若義）。范應元：謂道雖隱於無名，然而夫惟此道，善貸施萬物而善成之也。○按【唐韻正】乞貸之貸為入聲，出貸與人之貸為去聲。

道化章第四十二

道生一○一生二⊙二生三(⚍)

三生萬物(☰)萬物負陰而抱陽

☷沖氣以為和☲人之所惡☷

唯孤寡不穀䷀而王公以為稱

(⚍)故物或損之而益⊙或益之

而損○人之所教無一亦無二亦我義

教之唯道而已一本作我亦教之強梁者心念所形起滅不停不得

其死不能至於無我之地吾將以為教父○

【道化章第四十二】

道生一。一生二。二生三。三生萬物。

萬物負陰而抱陽。沖氣以為和。

人之所惡。唯孤寡不穀。而王公以為稱。

故物或損之而益。或益之而損。

人之所教。亦我益教之。

強梁者。不得其死。吾將以為教父。

【雅音正義】

●而王公以為稱　稱　讀若秤去聲　昌孕切，愜意。【爾雅·釋詁】稱，好也。范應元：孤寡不穀，人之所惡而王侯以此自謂者，孤寡乃法道之一，不穀則不自稱善也。人君以沖眇自稱者，亦法道之沖虛微眇也。豈自尊自大而自以為有德哉。

●吾將以為教父　父，白玉蟾注曰無極，即道也。〇按父字古無去聲，【正韻】始收入五暮。俗音從之。防父切。

徧用章第四十三

天下之至柔 道也 馳騁天下之至堅 物我也 無有入於無間 大無不包細無不入 吾是以知無為之有益也 以有契無 不言之敎 冥心合道 無為之益 為學日益為道日損 天下希及之 衆人昭昭我獨悶悶

【徧用章第四十三】

天下之至柔。馳騁天下之至堅。無有入於無間。吾是以知無為之有益也。不言之教。無為之益。天下希及之。

【雅音正義】

●無間 間兩讀皆可。范應元：無有者，道之門也。無間者，物之堅實而無間隙者也。以物入物必有間隙，然後可入。惟道則出於無有，洞貫金石，可入於無間隙者矣。

其一，間平聲居閑切，隙也。

其二，間讀若件去聲居諫切，空也。【前漢·高帝】步從間道走軍。【注】間，空也。

立戒章第四十四

名與身孰親〔不可使之親〕身與貨孰多〔不可使之多〕得與亡孰病〔不可使之病〕是故甚愛必大費〔溺於情欲必喪其本〕多藏必厚亡〔累於貪放必失其真〕知足不辱〔大圓覺滿〕知止不殆〔應如是住〕可以長久〔無量無邊〕

【立戒章第四十四】

名與身孰親。
身與貨孰多。
得與亡孰病。
是故甚愛必大費。多藏必厚亡。
知足不辱。知止不殆。可以長久。

【雅音正義】

●亡兩讀皆可。读若王平聲 武方切，失也。又，亡音無，義同。

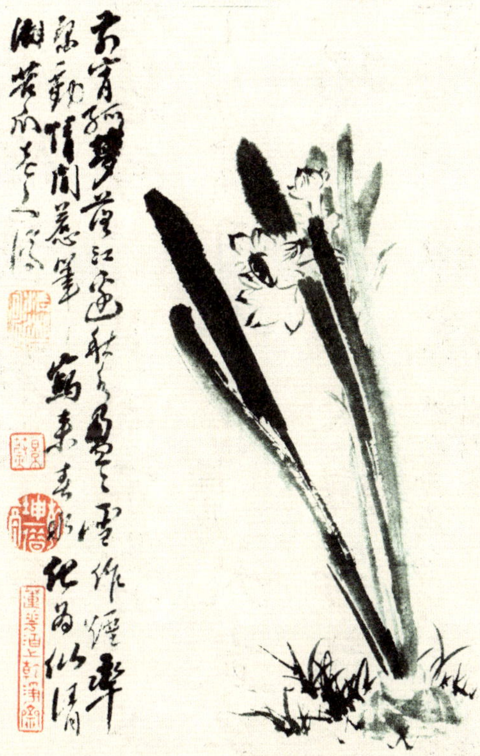

洪德章第四十五

大成若缺（自晦）其用不弊（韜光）大盈若沖（自默）其用不窮（澄虛）大直若屈（順適）大巧若拙（無爲）大辯若訥（忘言）躁勝寒（清者濁之源）靜勝熱（動者靜之基）清靜爲天下正（心無其心是謂大同）

【洪德章第四十五】

大成若缺。其用不弊。
大盈若沖。其用不窮。
大直若屈。
大巧若拙。
大辯若訥。
躁勝寒。
靜勝熱。
清靜為天下正。

【雅音正義】

●大，兩讀二義皆可。
其一，讀常音，滿也。其二，大，太也。
本章為洪德章，洪即大也。大成大盈大直大巧大辯，皆言洪德若缺若沖若屈若拙也。
●缺，虧也、破也。
●弊，困也。去聲。
●屈，曲而不伸也。
●拙，不巧也。
●訥，遲鈍也。
●熱，溫也。缺、屈、拙、訥、熱皆入聲，於今音基礎上，讀音大約處理成氣流在喉部受阻並短促急收。

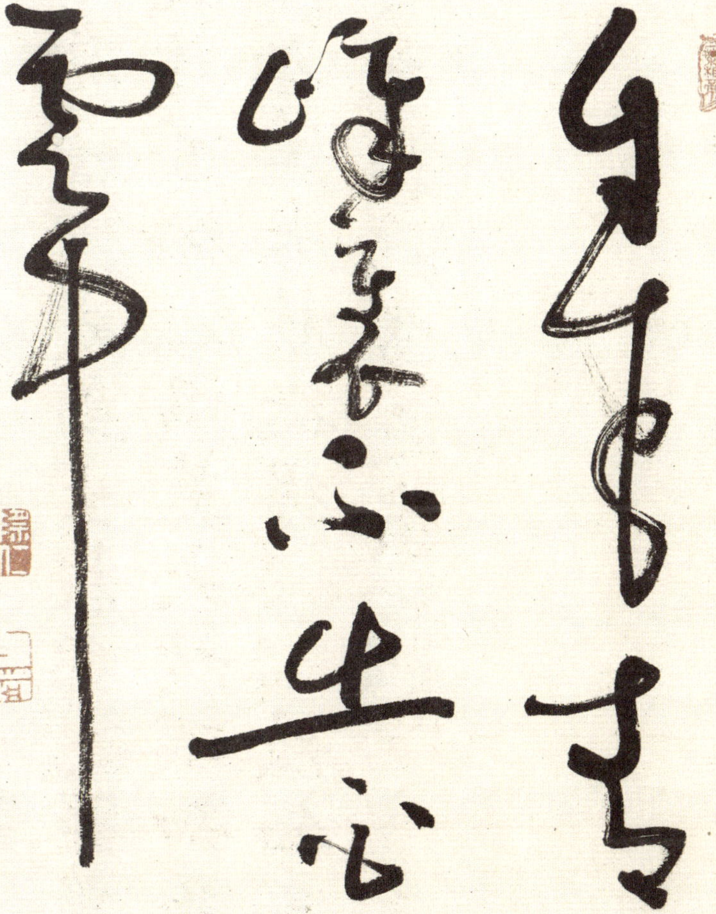

儉欲章第四十六

天下有道知有此心却走馬以糞忘其所為天下無道不知有此戎馬生於郊情欲交戰罪莫大於可欲一念易流禍莫大於不知足迷已逐物咎莫大於欲得豈可更添一物故知足之足有情無情同此一理常足矣人人具足箇箇圓成

【儉欲章第四十六】

天下有道。卻走馬以糞。

天下無道。戎馬生於郊。

罪莫大於可欲。

禍莫大於不知足。

咎莫大於欲得。

故知足之足。常足矣。

【雅音正義】

● 卻 入声 去約切，謂畀而退之也。【說文】節欲也。

● 禍 讀若火上聲 合果切，殃也，災也。除叶音外一般古文中禍字上聲。

● 咎 讀若久上聲 其九切，災也。

● 欲得 得 叶都木切，读若笃入声，与可欲之欲、知足之足相叶，三字均為【平水韵】入声二沃。

鑒遠章第四十七

不出戶 潛心 知天下 智周萬物 不窺牖 隳肢體黜聰明 見天道 離形去智 其出彌遠 心包太虛 其知彌少 神遊萬國 是以聖人不行而知 明鏡當臺 不見而名 寶劍在手 不爲而成

○

【鑒遠章第四十七】

不出戶。知天下。
不窺牖。見天道。
其出彌遠。其知彌少。
是以聖人不行而知。不見而明。不為而成。

【雅音正義】

●戶牖 參見十一章音訓。
見 同現。
●彌 讀若迷平聲 民畀切，益也。

忘知章第四十八

爲學日益（百尺竿頭更進一步）爲道日損（空諸所有納此一無）損之又損之（皮毛剝落盡惟有真實在）以至於無爲（空寂）無爲而無不爲矣（萬化自然）故取天下常以無事（心不在物無物無心）及其有事（物來斯照）不足以取天下（棄天下如棄敝屣）

【忘知章第四十八】

為學日益。
為道日損。
損之又損之。
以至於無為。
無為而無不為矣。
故取天下常以無事。
及其有事。
不足以取天下。

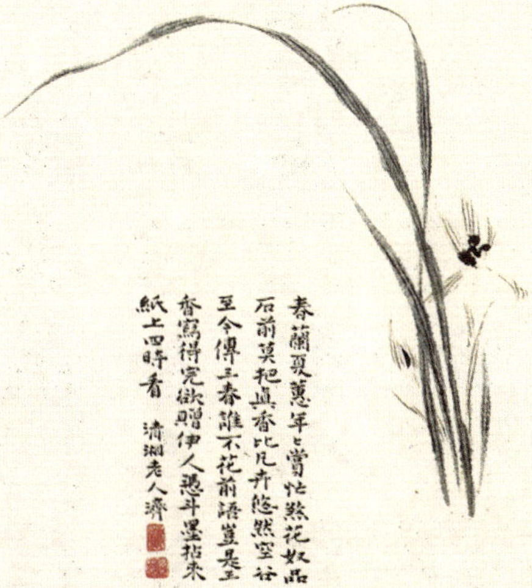

任德章第四十九

聖人無常心（不以我爲我乃是心中心）以百姓心爲心（人心我心同乎一性）善者吾善之（與我同然）不善者吾亦善之（亦與我同）德善矣（同乎自然）信者吾信之（萬神即一神萬炁即一炁）不信者吾亦信之（我不輕於汝等汝等皆當作佛）德信矣（誰非此道）聖人之在天下惵惵（毋不殺也一本惵惵作休〻）爲天下渾其心（忘其所以然）百姓皆注其耳目（任其自尔）聖人皆孩之（無心）

【任德章第四十九】

聖人無常心。以百姓心為心。

善者吾善之。不善者吾亦善之。德善矣。

信者吾信之。不信者吾亦信之。德信矣。

聖人之在天下惵惵。為天下渾其心。

百姓皆注其耳目。聖人皆孩之。

【雅音正義】

● 任德　任 读若仁平声　如林切。以恩相信曰任，又堪也，又当也。

● 惵惵　危懼也。惵 讀若蝶入聲　達協切。

● 渾　讀若混上聲　胡本切，濁也。

貴生章第五十

出生入死日圓月缺之類生之徒十有三月自初三日生魄至十五日乃圓故曰十有三死之徒十有三月自十六日虧至二十八日喪魄故曰十有三人之生亦如月然動之死地亦十有三前半月其上旬之十日自初一日至初三日亦十日之三日其月尚生後半月其下旬之十日自二十八日至三十日亦十日之三日其月已死夫何故蓋人與月以相似其生生之厚同乎天地之一氣耳蓋聞善攝生者無思無慮陸行不遇兕虎忘形入軍不被甲兵忘我兕無所投其角身非我有虎無所措其爪我亦非我兵無所容其刃

夫生死者特一炁聚散耳此心自若本無生死

夫何故是如此以其無死地

【貴生章第五十】

出生入死。

生之徒十有三。死之徒十有三。人之生。動之死地亦十有三。

夫何故。以其生生之厚。

蓋聞善攝生者。陸行不遇兕虎。入軍不被甲兵。

兕無所投其角。虎無所措其爪。兵無所容其刃。

夫何故。以其無死地。

【雅音正義】

●以其生生之厚 厚 讀若喉上聲 很口切，不薄也，重也。

●兕 讀若子上聲 徐姊切。【說文】狀如野牛而靑。

●被甲兵 被 讀若皮上聲，皮義切，具也。戰國策：械器被具。

●投其角，角 此地考慮音律和諧，讀若祿入聲 盧穀切。【說文】角，獸角也。○按【通雅】角，古音祿。【詩召南】誰謂雀無角，何以穿我屋。【史記刺客傳】天雨粟，馬生角。【前漢東方朔傳】臣以爲龍又無角，謂之爲蛇又有足。崔駰【杖頌】用以爲杖，飾以犀角，王母扶持，永保百祿。俱叶音祿。

●措其爪 措 讀若醋去聲 倉故切，用也。爪，讀若早上聲 側絞切。【說文】覆手曰爪。【集韻】覆手取物。

養德章第五十一

道生之（神也）德畜之（性也）物形之（心也）勢成之（我也）是以萬物莫不尊道而貴德（忘物）道之尊（忘我）德之貴（忘心）夫莫之命（忘性 一本命作爵）而常自然（忘神）故道生之（神全）德畜之（性全）長之育之（心全）成之熟之（我全）養之覆之（物全）生而不有（無也）爲而不恃（無爲）長而不宰（無我）是謂玄德（道也）

【養德章第五十一】

道生之。德畜之。
物形之。勢成之。
是以萬物。莫不尊道而貴德。
道之尊。德之貴。夫莫之命。而常自然。
故道生之。德畜之。長之育之。成之熟之。養之覆之。生而不有。為而不恃。長而不宰。是謂玄德。

【雅音正義】

●長之育之 長音掌上聲，使之成長。育音玉入聲，養也。

●成之熟之 熟讀若淑入聲 殊六切，成也。【韻會】熟，本作孰。後人加火，而孰但爲誰孰字矣。

●養之覆之 覆音複入聲 芳福切，敗也。

歸元章第五十二

天下有始道生一以為天下母一生二既得其母二生三以知其子三生萬物既知其子夫物芸芸復守其母各復歸其根沒身不殆歸根復命塞其兌聽乎無聽閉其門視乎無視終身不勤無為開其兌神著出便收來濟其事惟欲是眈終身不救永絕道根見小曰明虛中則明守柔曰強剛中則強用其光以心契心復歸其明以道合道無遺身殃心無一塵是謂習常是謂之道一本習作襲

【歸元章第五十二】

天下有始。以為天下母。既得其母。以知其子。既知其子。復守其母。沒身不殆。塞其兌。閉其門。終身不勤。開其兌。濟其事。終身不救。見小曰明。守柔曰強。用其光。復歸其明。無遺身殃。是謂習常。

【雅音正義】

●復守其母 復 讀若伏入聲 房六切，返也。【說文】往來也。

●沒身不殆 參見十六章。

●塞其兌 塞 讀若色入聲 悉則切，填也，隔也。兌 讀若隊去聲 徒外切，穴也，口也。

●濟其事 濟 讀若計去聲，成也。

●見小曰明 見音現，顯露。

●無遺身殃 遺 讀若衛去聲，造成、留下。

●習常 習 讀若襲入聲 席入切，行也，實行。

山高秀色寒白
云飞不回
清湘道人

益證章第五十三

使我介然有知(一念而已)行於大道(一我而已)惟施是畏(一理而已)大道甚夷(一道而已)而民好徑(思無邪)朝甚除(心不正)田甚蕪(性不明)倉甚虛(神不靈)服文采(好榮華)帶利劍(貪嗜欲)厭飲食(不知乎恬憺)財貨有餘(捨此道而逐物)是謂盜夸(人欲勝天理)非道也哉(於道不然)

【益證章第五十三】

使我介然有知。行于大道。惟施是畏。大道甚夷。而民好徑。朝甚除。田甚蕪。倉甚虛。服文采。帶利劍。厭飲食。財貨有餘。是謂盜夸。非道也哉。

【雅音正義】

●介然 介 讀若蓋去聲 古拜切，大也。【詩·小雅】神之聽之，介爾景福。大道，太音泰。

●惟施是畏 施 讀若易去聲 以豉切，音易。王念孫：施讀為迆。迆，邪也。言行于大道之中，唯懼其入於邪道也。下文大道甚夷而民好逕，河上公注：徑，邪不正也。是其證矣。【說文】迆，衺行也。【孟子·離婁篇】施從良人之所之。【趙注】施者，邪施而行，丁公著問迆。【要略篇】按徑直施。【高注】施，邪也。是施與迆通。

●而民好徑 好 讀若耗去聲 虚到切，喜好。好，本義為愛而不釋也。

●朝甚除 朝 音潮平聲，馳遙切，此處指朝廷。除，讀若著去聲，治據切，去也，頹敗。嚴靈峰：除，猶廢也。言朝廷不舉而廢馳也。

●服文采 文與上下句中甚、利、飲仄聲音律和諧，此地讀若問去聲 文運切，飾之也。

●厭飲食 厭 读若暗上声 鄔感切，沈溺意。

●是謂盜夸 夸 讀若垮上聲 苦瓦切，自大也。

脩觀章第五十四

善建者不拔 不出乎道 善抱者不脫 不離乎道 子孫祭祀不輟 此道長存 脩之於身 心也 其德乃真 真心 脩之於家 性也 其德乃餘 真性 脩之於鄉 神也 其德乃長 真神 脩之於國 道也 其德乃豐 真道 脩之於天下 空也 其德乃普 真空 故以身觀身 心中心 以家觀家 性中性 以鄉觀鄉 神中神 以國觀國 道中道 以天下觀天下 空中空 吾何以知天下之然哉 空中不空

以此○

【修觀章第五十四】

善建者不拔。善抱者不脫。子孫祭祀不輟。修之於身。其德乃真。修之於家。其德乃餘。修之於鄉。其德乃長。修之於國。其德乃豐。修之於天下。其德乃普。故以身觀身。以家觀家。以鄉觀鄉。以國觀國。以天下觀天下。吾何以知天下之然哉。以此。

【雅音正義】

●拔 讀若八入聲 蒲八切，去除也。

●脫 讀若拓入聲 徒活切，除也，離也。

●祭祀 祀 音似上聲 詳子切，祭也。【孝經·士章疏】祀者，似也。似將見先人也。

●輟 讀若啜入聲 株劣切，止也，歇也。

●觀身觀家觀鄉觀國，觀 去聲 古玩切。同第一章之欲以觀其妙之觀，示也，諦視也。

同心之言其臭如蘭如蘭之意
其合永歡子宜佩之保護
春寒春風寒峭誰謂乎
安
苦雨老人書

玄符章第五十五

含德之厚（抱道）比於赤子（無心）毒蟲不螫（無畏）猛獸不據（無憂）攫鳥不搏（無慮）骨弱筋柔而握固（神全）未知牝牡之合而峻作（凝神）精之至也（杳杳冥冥）終日號而嗌不嗄（性全）和之至也（恍恍惚惚）知和曰常（常寂光中）知常曰明（大光明裏）益生曰祥（靈源不竭一本作日祥）心使氣曰强（真一長存）（一本作日強）物壯則老（人欲大盛）是謂不道（喪失本真）不道早已（真不立妄不空）

【玄符章第五十五】

含德之厚。比於赤子。毒蟲不螫。猛獸不據。攫鳥不搏。骨弱筋柔而握固。未知牝牡之合而峻作。精之至也。終日號而嗌不嗄。和之至也。知和曰常。知常曰明。益生曰祥。心使氣曰強。物壯則老。是謂不道。不道早已。

【雅音正義】

● 螫 讀若思入聲 施隻切。【說文】蟲行毒也。即毒蟲以毒刺人。

● 據 讀若居去聲 居禦切，按也。此言以爪按拏。

● 攫鳥不搏 攫 讀若覺入聲 厥縛切。以腳取之謂之攫，以翼擊之謂之搏。搏 讀若博入聲 伯各切，拍也。

● 握 讀若渥入聲 乙角切。陸佃云：持五指也，在外爲持，在內爲握。

● 峻 同朘，讀若俊 祖回切 並子泉切。峻作，嬰孩生殖器舉起。【說文】赤子陰也。傅奕：赤子筋骨雖柔弱而掌握，未知牝牡之合而朘作者，精全之甚也。

● 終日號而嗌不嗄 嗌 讀若益入聲 伊昔切，咽也，喉也。嗄，讀若沙去聲 所嫁切，聲變或聲破。

● 是謂不道 不道早已 道去聲 與導同，治也。兩句皆謂不合於道，背道而馳。

玄德章第五十六

知者不言○言者不知○塞其兑 閑目見自己之目 閉其門 收心見自己之心 挫其銳 觀我非我 解其紛 觀物非物 和其光 觀心非心 同其塵 觀空非空 是謂玄同 聖凡一体 故不可得而親 釋迦文佛參禪未已 亦不可得而疏 老聃學道未濃 不可得而利 伏羲究易未了 亦不可得而害 孔子夢眞方終 不可得而貴 道者心之體 亦不可得而賤 心者道之用 故為天下貴○

【玄德章第五十六】

知者不言。言者不知。

塞其兑。閉其門。

挫其銳。解其紛。

和其光。同其塵。

是謂玄同。

故不可得而親。亦不可得而踈。

不可得而利。亦不可得而害。

不可得而貴。亦不可得而賤。

故為天下貴。

【雅音正義】

● 知者不言 言者不知 知同智，此地指道或合道之聖人。

● 塞其兑，參見五十二章。

● 挫其銳 解其紛 和其光 同其塵，參見第四章。

● 得而親 親 近也。

● 得而踈 踈同疏，音梳平聲，遠也。

淳化章第五十七

以正治國（疑神）以奇用兵（明心）以無事取天下（了性）吾何以知其然哉（得道）以此（道也）夫天下多忌諱（居移炁養移體）而民彌貧（此心易失）人多利器（念念伏躍）國家滋昏（此性不明）人多伎巧（性靜情逸）奇物滋起（心動神疲）法令滋彰（以心用心一本法令作法物）盜賊多有（百念愈熾）故聖人云（如是如是）我無為而民自化（神之所化）我好靜而民自正（性之所正）我無

事而民自富我無欲而民自樸

心之所富

我之所樸

【淳化章第五十七】

以正治國。

以奇用兵。

以無事取天下。

吾何以知其然哉。以此。

夫天下多忌諱。

而民彌貧。

人多利器。國家滋昏。

人多伎巧。奇物滋起。

法令滋彰。盜賊多有。

故聖人云。

我無為而民自化。

我好靜而民自正。

我無事而民自富。

我無欲而民自樸。

【雅音正義】

●以正治國 國 讀若過入聲 古或切，邦也。

●以奇用兵 奇音琦 渠宜切，異也。【莊子·北遊篇】萬物一也。臭腐化爲神奇，神奇復化爲臭腐。○按此指詐也。

●夫天下多忌諱 忌 讀若計去聲 奇寄切。【說文】憎惡也。【詩·周南·小星箋】以色曰妒，以行曰忌。諱 音卉去聲 許貴切，隱也，忌也，又護短曰諱。○按此忌讳为在上禁忌越多，在下背心越甚。

●人多伎巧 伎 讀若幾平聲 巨支切，智巧。【揚子·法言】通天地而不通人曰伎。

●盜賊多有 盜 讀若到去聲，取不義之財之謂盜。【說文】私利物也。【左傳·文十八年】竊賄爲盜，盜器爲姦。【正字通】凡陰私自利者皆謂之盜。

賊 讀若則入聲 疾則切，傷人害命之謂賊。【說文】敗也。又叔向曰殺人不忌爲賊。

順化章第五十八

其政悶悶（天然）其民醇醇（自然一本作淳淳）其政察察（復然）其民缺缺（不然）禍兮福所倚（禍福無門惟心所名）福兮禍所伏（損者益也）孰知其極（無有邊際）其無正耶（道無體）正復爲奇（心不可側）善復爲訞（道不可識一本訞作妖）人之迷（昧其本性一本人作民）其日固久（無始以来有生以後）是以聖人（我也）方而不割（圓通）廉而不劌（空穿一本劌作害）直而不肆（沖虛）光而不耀（中正）

【順化章第五十八】

其政悶悶。其民醇醇。
其政察察，其民缺缺。
禍兮福所倚。福兮禍所伏。
孰知其極。其無正耶。
正復為奇。善復為妖。
人之迷。其日固久。
是以聖人。方而不割。廉而不劌。直而不肆。光而不耀。

【雅音正義】

● 醇醇 醇讀若純平聲 殊倫切，厚也。言民富厚相親睦也。

● 察察 察讀若擦入聲 初戛切，苛察也。林希逸：察察者，煩碎也。

● 缺缺 缺讀若卻入聲 苦穴切，虧也，破也。河上公：日以疏薄。另本缺缺作夬夬，讀若怪去聲，狡猾。

● 福兮禍之所伏 福讀若膚去聲 方六切，善也，祥也，祐也。

● 禍讀若火上聲 胡果切，殃也，災也。【說文】害也，神不福也。

伏雅音与福相似，匿藏也。

● 方而不割 割讀若哥入聲 居曷切，以刀裂之。

● 廉而不劌 劌讀若乖去聲 姑衛切，割也。【說文】利傷也。【禮·聘義】君子比德于玉，廉而不劌，義也。

● 直而不肆 直入聲，正也。肆，音四去聲 息利切，陳也。

新長龍絲過屋，檐曉雲深處露
峰尖山中四月如十月衣帽憑欄
冷翠霑

清湘小乘客濟

守道章第五十九

治人事天（以天理勝人欲）莫若嗇（儉視儉聽儉思儉為）夫為嗇（儉從約易從簡）是謂早服（先得此理）早服謂之重積德（有所操存）重積德（涵養）則無不剋（剋人欲求天理一本剋作克下同）無不剋（克己復禮）則莫知其極（道即心也）莫知其極（道如虛空）可以有國（性與道合）有國之母（神也）可以長久（神與道存）是謂深根固柢（天崩地裂此性不壞）長生久視之道（虛空消殂此神不死）

【守道章第五十九】

治人事天。莫若嗇。
夫為嗇。是謂早服。
早服謂之重積德。
重積德。則無不剋。
無不剋。則莫知其極。
莫知其極。可以有國。
有國之母。可以長久。
是謂深根固柢。長生久視之道。

【雅音正義】

●莫若嗇　有餘不盡用之意。嗇 读若色入声 所力切，爱惜也，贪也，悭也。老子贵嗇。范應元：謂去人欲以事天道，莫若自愛精炁也。夫惟自愛精炁，是以能早服事天道也。晚則精炁已耗矣。

●早服　服 讀若伏入聲 房六切。事也，事奉之意。【詩·大雅】昭哉嗣服。

●重積德　積 讀若跡入聲 資息切，聚也。

●則無不剋　剋 音刻入聲 苦得切，得勝也。

●深根固柢　柢 兩讀同義皆可，其一讀若邸上聲典禮切，其二讀若帝丁計切，根也。徐鍇：華葉之根曰蒂，木之根曰柢。

居位章第六十

治大國盡其心者知其性若烹小鮮治心亦甚易以道蒞天下道不遠在身中其鬼不神無妄非其鬼不神幻盡覺圓其神不傷人心境兩忘物我一空非其神不傷人爾為爾我為我聖人亦不傷人非我何有夫兩不相傷心復何物故德交歸焉惟道而已

【居位章第六十】

治大國。若烹小鮮。
以道蒞天下。其鬼不神。
非其鬼不神。其神不傷人。
非其神不傷人。聖人亦不傷人。
夫兩不相傷。
故德交歸焉。

【雅音正義】

●以道莅天下，以道治理天下。莅，蒞的異體字，音利去聲力地切，臨也。【孟子·梁惠王上】莅中國而撫四夷也。

謙德章第六十一

大國者下流（以大就小）天下之交（以小就大）天下之牝（無小無大）牝常以靜勝牡（以靜制動）以靜為下（無爭）故大國以下小國（不競）則取小國（靜定）小國以下大國（處順）則取大國（此理固存）故或下以取（淨心）或下而取（止觀）大國不過欲兼畜人（神者萬化之主）小國不過欲入事人（心者大道之源）夫兩者（即心是道）各得其所欲（神亦道性亦道）故大者宜為下（除垢止念）

【谦德章第六十一】

大國者下流。天下之交。天下之牝。牝常以靜勝牡。以靜為下。故大國以下小國。則取小國。小國以下大國。則取大國。故或下以取。或下而取。大國不過欲兼畜人。小國不過欲入事人。夫兩者各得其所欲。故大者宜為下。

【雅音正義】

●大國者下流、故大國以下小國、小國以下大國、或下以取、或下而取，下 古音讀若哈去聲，將就今音讀若嚇。動詞，降于下方，居於賤位。蘇軾：天下之趨大國，猶眾水之趨下流也。

●天下之交、天下之牝、以靜為下、大者宜為下，下 古音讀若哈上聲，將就今音讀若嚇上聲。這裡指方位上處於下方、處於後面。

●則取小國、則取大國、故或下以取、或下而取，四句中的取，兩讀兩義。其一，取，借為聚。以取，以聚人；而取，聚於人。顧歡本、開元本、敦煌本等他本，取作聚。

其二，取，音娶上聲 此主切，得也，收也。大國謙下以得到小國的擁戴，小國以甘居其下而得到大國的優待。【韻會】凡克敵不用師徒曰取。

●大國不過欲兼畜人 過 去聲 古臥切，越也。欲 讀若玉入聲，貪欲。兼 並也。畜 音觸入聲 醜六切，聚也。為大國者莫起貪心、兼聚愛養小國之民。小國不過欲入事人，為小國者莫起非分之想、尊大國為宗主禮敬對待。

●夫兩者各得所欲 欲 入聲，愛也。【禮·曲禮】問疾不能遺，不問其所欲。

未多雅望張京兆上声
天上人間白玉堂引
應鸞臺攬明鏡也
知牛女乃時裝
笑之

爲道章第六十二

道者萬物之奥（心者造化之源）善人之寶（一滴真金源流天造前無古人後無來者）不善人之所保（人各有心此心長存）美言可以市（至言如寶）尊行可以加人（道可貴）人之不善（昧道）何棄之有（道亦在）故立天子（心也）置三公（神氣精也）雖有拱璧以先駟馬（世之所貴）不如坐進此道（我之所寶）古之所以貴此道者何也（在我本然）不曰求以得（不離乎心一本不日以求得）有罪以免耶（純一如初）故爲天下貴（道者萬物之奥）

【为道章第六十二】

道者萬物之奧。
善人之寶。不善人之所保。
美言可以市。尊行可以加人。
人之不善。何棄之有。
故立天子。置三公。
雖有拱璧以先駟馬。不如坐進此道。
古之所以貴此道者何也。不曰求以得。有罪以免耶。故為天下貴。

【雅音正義】

●道者萬物之奧，道是萬物之源，亦主宰萬物。奧 讀若鬱入聲 乙六切，與澳、燠、隩通。通澳，水内曰奧，熱在中也，内也，主也，藏也，隱也。

●雖有拱璧以先駟馬，雖然有先送的雙手捧持的大璧、隨之在後的四馬所駕的車。

●拱 古本作珙，大璧也。璧以玉為之形圓，象天中虛法道。

●先 讀若霰去聲 先見切，先之也，先於某某。凡在前者謂之先，則平聲；先而導前與當後而先之，則去聲。

●駟 音四去聲 息利切，四馬一乘也。古之重禮，獻乘馬而先之以珙璧。

恩始章第六十三

為無為（心也）事無事（性也）味無味（神也）大小多少（摠在其中）報怨以德（心不外物）圖難於其易（抱一）為大於其細（執中）天下難事（道也）必作於易（此心）天下大事（神也）必作於細（此心）是以聖人終不為大（不自知其大小）故能成其大（性等虛空）夫輕諾必寡信（易悟則易疑易淂則易喪）多易必多難（大迷之下必有大悟）是以聖人猶難之（不可說破）故終無難（欲其自淂）

【恩始章第六十三】

為無為。事無事。味無味。
大小多少。報怨以德。
圖難於其易。為大於其細。
天下難事。必作于易。
天下大事。必作於細。
是以聖人終不為大。故能成其大。
夫輕諾必寡信。多易必多難。
是以聖人猶難之。故終無難。

【雅音正義】

- 夫輕諾必寡信　諾　讀若懦入聲　奴各切，以言許人曰諾。
- 多易必多難，不慎患也。難　去聲　乃旦切，患也。
- 是以聖人猶難之　難　平聲　那幹切，以之為難事。
- 故終無難　難　去聲，患也。

守微章第六十四

其安易持（道可恃）其未兆易謀（道可思）其脆易破（道可悟一本破作泮）其微易散（道可一）爲之於未有（不知其始）治之於未亂（不見其尾）合抱之木（如道也）生於毫末（防微杜漸）九層之臺（如道也）起於累土（從微至着）千里之行（如道也）始於足下（在我自到）爲者敗之（道不可窮）執者失之（道不可淂）是以聖人無爲（與道合一）故無敗（千古不朽）無執（與神合無）故無失（萬世常行）民之從事（不知自然）常於幾成而敗之（有爲者有成敗）愼終

如始知此心即道心則無敗事無爲者無成敗是以聖人欲不欲無爲不貴難得之貨道無方妙學不學無事復衆人之所過覺空覺滿以輔萬物之自然與時偕行而不敢爲性空

新花新葉添新漲
偏稱曉風花氣長花擇
胆瓶燒燭賞葉餘水面
還鴛鴦
苦瓜老人
濟

【守微章第六十四】

其安易持。其未兆易謀。其脆易破。其微易散。為之於未有。治之於未亂。合抱之木。生於毫末。九層之台。起於累土。千里之行。始於足下。為者敗之。執者失之。是以聖人無為。故無敗。無執。故無失。民之從事。常于幾成而敗之。慎終如始。則無敗事。是以聖人欲不欲。不貴難得之貨。學不學。複眾人之所過。以輔萬物之自然。而不敢為。

【雅音正義】

● 起於累土，從卑至高之意。累同絫。絫，古累字，讀若磊上聲 力委切。十黍爲絫，十絫爲銖，引申為增加。

● 復眾人之所過 復音伏入聲，反本之義。

淳德章第六十五

古之善爲道者（我也）非以明民（不使其有知）將以愚之（昏昏默默）民之難治（心亂）以其智多（靜則易昏動則易散）故以智治國國之賊（覺亦是念）不以智治國國之福（無所覺知而已）知此兩者亦楷式（道貴如愚愚中不愚）能知楷式（抱虛守沖）是謂玄德（教父）玄德深矣遠矣（道爲萬化之宗）與物反矣（道在萬化而非萬化）然後乃至大順（萬化出乎道而入乎道）

【淳德章第六十五】

古之善為道者。非以明民。將以愚之。民之難治。以其智多。故以智治國國之賊。不以智治國國之福。知此兩者亦楷式。能知楷式。是謂玄德。玄德深矣遠矣。與物反矣。然後乃至大順。

【雅音正義】

●楷式 楷，音鍇上聲，模也，法也。式，參見第二十章。

●然後乃至大順 大音泰，大順即太順，道也。一云大順即順天理也，大讀若答去聲。

後己章第六十六

江海所以能為百谷王者 心所以能合道也 以其善下之 虛而能容寂而不見 故能為百谷王 心為萬法之王 是以聖人欲上民 使人知道 必以言下之 示之以無 欲先民 使契爭道 必以身後之 先忘其心 是以聖人處上而民不重 道大 處前而民不害 性空 是以天下樂推而不厭 與物無礙 以其不爭 不與物競 故天下莫能與之爭 我之自然

【後己章第六十六】

江海之所以能為百谷王者。以其善下之。故能為百谷王。是以聖人欲上民。必以言下之。欲先民。必以身後之。是以聖人處上而民不重。處前而民不害。是以天下樂推而不厭。以其不爭。故天下莫能與之爭。

【雅音正義】

- 是以聖人欲上民　上 讀若賞上聲，升也。此句意為得到民眾的尊敬，即在民眾心上。
- 欲先民　先 去聲，當先。此句意為成為率眾之人。
- 樂推而不厭　樂 音洛入聲，天下人樂於推尊而不厭足也。

此幀擬李營丘而有別意美人
素質澹妝流麗漫爾款題
不免氣縮
濟

三寶章第六十七

天下皆謂我道大（道大性空）似不肖（如愚）夫惟大◯故似不肖（默然）若肖久矣◯其細也夫（不可分別）我有三寶（道尊德貴）寶而持之（道不離我一本作持而寶之）一曰慈（專炁至柔能如嬰兒）二曰儉（少私寡欲）三曰不敢為天下先（忘其所以忘我）夫慈故能勇（其力大）儉故能廣（其量深）不敢為天下先（心廣）故能成器長（體胖）今捨慈且勇（逐物）捨儉且廣（貪嗔愛欲）捨後且先（急欲求成）死矣（不見乎道）夫慈

以戰則勝（身心不動）以守則固（靜以待之）天將救之（其應亦然）以慈衛之（乃與道合）

【三寶章第六十七】

天下皆謂我道大。似不肖。
夫唯大。故似不肖。
若肖久矣。其細也夫。
我有三寶。寶而持之。
一曰慈。二曰儉。三曰不敢為天下先。
夫慈故能勇。儉故能廣。不敢為天下先。故能成器長。
今捨慈且勇。捨儉且廣。捨後且先。死矣。
夫慈以戰則勝。以守則固。天將救之。以慈衛之。

【雅音正義】

- 天下皆謂我道大似不肖　范應元：老氏未嘗自大也。蓋以道自重而天下莫能知之，
- 故謂其大而似不類眾人也。肖讀若笑去聲 仙妙切，類也。下同。
- 舍慈舍儉舍後　舍上聲 始野切，廢也。

配天章第六十八

善為士者不武（慈和）善戰者不怒（寬泰）善勝敵者不爭（安穩）善用人者為之下（小心翼翼）是謂不爭之德（順帝之則）是謂用人之力（天理自見）是謂配天（此心為大）古之極（大道乃明）

【配天章第六十八】

善為士者不武。
善戰者不怒。
善勝敵者不爭。
善用人者為之下。
是謂不爭之德。
是謂用人之力。
是謂配天。
古之極。

【雅音正義】

●古之極　極　入聲　渠力切，至也，古之至要道也。又曰至高。此地意為自古不爭之德之頂峰。皆通。

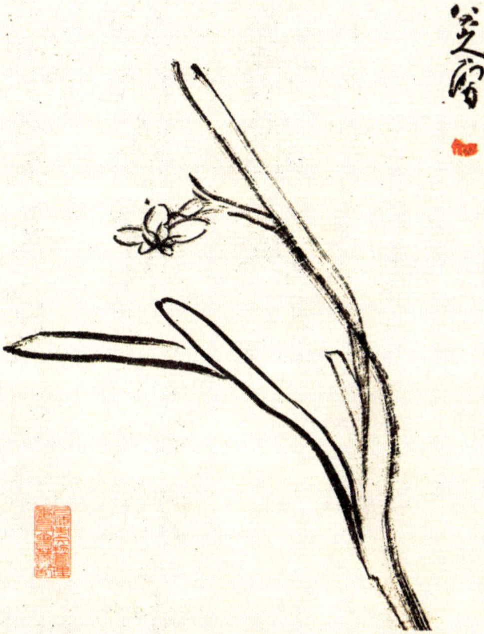

玄用章第六十九

用兵有言（默然）吾不敢為主而為客（忘我）不敢進寸而退尺（不敢有所為）是謂行無行（為無為）攘無臂（事無事）仍無敵（守無守）執無兵（味無味）禍莫大於輕敵（見聞覺知）（當下心息）輕敵則幾喪吾寶（照見生空）故抗兵相加（我自我物自物）哀者勝矣（一曰慈）

【玄用章第六十九】

用兵有言。

吾不敢為主而為客。不敢進寸而退尺。

是謂行無行。攘無臂。仍無敵。執無兵。

禍莫大於輕敵。輕敵則幾喪吾寶。故抗兵相加。哀者勝矣。

【雅音正義】

●而為客　客 入聲 苦格切。河上公：主，先也，不敢先舉兵。此地，主指造事者，客指應敵者，應敵者不敢先舉兵。

●不敢進寸而退尺，防守為退。尺 音赤入聲 昌石切，十寸為尺。

是謂行無行　前後行字兩讀皆可。

其一，前行字，讀若衡平聲，行走，動詞；無行之行，讀若航平聲，訓為路，意為想走路卻無路可走。

其二，前後兩行字，均讀若航平聲，訓為行列，意為雖有陣仗卻似無陣仗可擺。〇按取此音訓。

●攘無臂　雖要奮臂卻如無臂可出。攘 音壤上聲 汝兩切，擾也。臂 今謂自肩至肘曰臑，自肘至腕曰臂。攘臂，怒而憤然出臂。

●仍無敵　雖要迎敵卻像無敵可迎。仍 兩讀皆可。讀若扔平聲 如乘切，或讀若刃去聲 而振切。此地訓引也，就也。

●敵 音狄入聲 徒歷切，仇也。

知難章第七十

吾言甚易知（心而已）甚易行（道而已）天下莫能知（不知心）莫能行（不知道）言有宗（無為）事有君（無念）夫惟無知（寔然）是以不我知（我即是我尚復何有）知我者希（知我則知此理）則我貴矣（我亦非我道亦非道）是以聖人（知我無我）被褐懷玉（終日如愚）

【知难章第七十】

吾言甚易知。甚易行。

天下莫能知。莫能行。

言有宗。事有君。

夫唯無知。是以不我知。

知我者希。則我貴矣。

是以聖人。被褐懷玉。

【雅音正義】

●被褐懷玉　外面穿著粗布衣，懷裡揣著玉。范應元：是以聖人內有真貴，外不華飾，不求人知，與道同也。故曰披褐懷玉。玉者，不足以比德，蓋取世俗之所貴者為比以指人爾。蘇軾：眾人之所能知亦不足貴矣。聖人外與人同而中獨異爾。

被又作披，讀若皮上聲 皮彼切，荷衣曰披。

褐入聲 胡葛切，毛布、粗布。

知病章第七十一

知不知上（吾所謂知知與不知不知之知乃是真知）不知知病（知知一字此事不圓）夫惟病病（病在於知）是以不病（塵淨光生）聖人不病（無念之念亦復是念）以其病病（一念不存此性乃見）是以不病（三界惟心一切惟識）

【知病章第七十一】

知不知上。不知知病。
夫惟病病。是以不病。
聖人不病。以其病病。是以不病。

【雅音正義】

●夫惟病病、以其病病，兩句中前病字，動詞，以不知知為病；末病字，名詞，此地指不知知，不知道乃言知，德之病也。
病 去聲 皮命切，疾甚為病。

愛己章第七十二

民不畏威（人不能究心）大威至矣（生死事大無常迅速）無狹其所居（神無方）無厭其所生（性无滅）夫惟不厭（道無盡）是以不厭（心無形）是以聖人自知不自見（如人飲水冷暖自知）自愛不自貴（無法可說無道可得）故去彼取此（自知不自見自愛不自貴）

【愛己章第七十二】

民不畏威。
大威至矣。
無狹其所居。
無厭其所生。
夫唯不厭。
是以不厭。
是以聖人自知不自見。
自愛不自貴。
故去彼取此。

【雅音正義】

● 是以聖人自知不自見 見同現，去声，自美也。
● 無厭其所生、夫唯不厭厭，兩讀。
其一，讀若掩上聲 於檢切 惡也。
其二，讀若黶去聲 於黶切 滿也。
● 是以不厭 讀若黶去聲 於黶切 去也，弃也。
● 去彼取此，详见十二、三十八章。

任為章第七十三

勇於敢則殺 有力於箭除妄念也 勇於不敢則活 有力於守雖抱一也 此兩者 能殺能活 或利或害 吾道如劍不能持者傷鋒犯刃 天之所惡 貴乎無所用 孰知其故 道本空相 是以聖人猶難之 道易知而不易於行心易悟而不易於了

天之道 吾心而已 不爭而善勝 無為 不言而善應 無念 不召而自來 無着 坦然而善謀 無無亦無無一本坦作繟 天網恢恢 何物不在此道之中 踈而不失 此道常在萬物之內

【任为章第七十三】

勇於敢則殺。
勇於不敢則活。
此兩者。或利或害。
天之所惡。孰知其故。是以聖人猶難之。
天之道。
不爭而善勝。
不言而善應。
不召而自來。
坦然而善謀。
天網恢恢。疏而不失。

【雅音正義】

- 任為 任讀若壬去聲，克也。
- 天之所惡 惡去聲，憎也。
- 是以聖人猶難之 難去聲，患也。
- 不召而自來 召去聲 直笑切。王逸：以手曰招，以言曰召。
- 天網恢恢 恢平聲 苦回切。【說文】大也。從心灰聲。

制惑章第七十四

民常不畏死（此念不死，此道不全）奈何以死懼之（海枯終見底，人死不知心）若使民常畏死（只知貪生，不知有死）而為奇者（生死亦大矣）吾得執而殺之（安能殺其心哉）孰敢（其心使之自殺）常有司殺者殺（心為司殺，能絶百念）夫代司殺者殺（我心與他心雖同，不可以我心代他心也）是謂代大匠斲（纔生思惟，便成擬儀）夫代大匠斲者（事物之來，情慮之及）希有不傷其手矣（謹者不言，言者不知）

【制惑章第七十四】

民常不畏死。奈何以死懼之。

若使民常畏死。而為奇者。吾得執而殺之。孰敢。

常有司殺者殺。

夫代司殺者殺。是謂代大匠斲。

夫代大匠斲者。希有不傷其手矣。

【雅音正義】

- 惑 入聲 胡國切，亂也，迷也，疑也。下同。
- 斲 斵之異體字，音灼入聲 職略切，刀斫，殺也。
- 希 罕也。

貪損章第七十五

民之饑（人之不知道）以其上食稅之多（以其心之念不已）是以饑（所以不知道）民之難治（人不得道）以其上之有為（以其心之事不停）是以難治（所以不得道）民之輕死（人之不合道）以其求生之厚（以其心之情不盡）是以輕死（所以不合道）夫惟無以生為者（勇於忘我）是賢於貴生（所以得道）

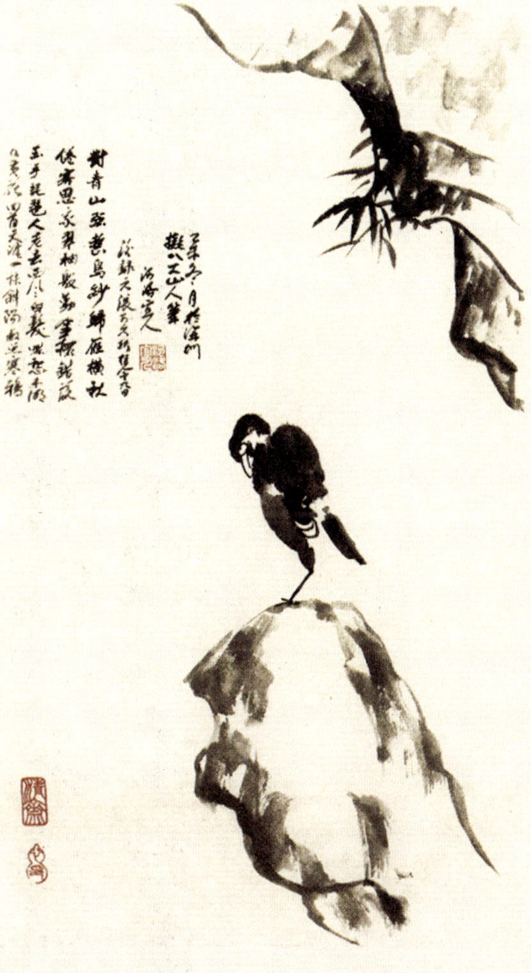

【貪損章第七十五】

民之饑。以其上食稅之多。是以饑。

民之難治。以其上之有為。是以難治。

民之輕死。以其求生之厚。是以輕死。

夫唯無以生為者。是賢於貴生。

【雅音正義】

● 食稅之多 食音蝕，入聲，茹也，啗也，此地指徵收。

戒强章第七十六

人之生也柔弱（水结成冰）其死也堅强（冰消即水）萬物草木之生也柔脆（水流元在海）其死也枯槁（月落不離天）故堅强者死之徒（死者生之本）柔弱者生之徒（生者死之基）是以兵强則不勝（心雜則道愈遠）木强則共（念頭不已心則愈雜）强大處下（誰使之念頭不已）柔弱處上（誰使之心雜）

【戒強章第七十六】

人之生也柔弱。其死也堅強。
萬物草木之生也柔脆。其死也枯槁。
故堅強者死之徒。柔弱者生之徒。
是以兵強則不勝。木強則共。
強大處下。柔弱處上。

【雅音正義】

●戒 讀若蓋 去聲 古拜切，警也。

●其死也枯槁 槁 讀若高上聲 苦浩切，草木中空者，又枯木。又，無水為枯，中空為槁。

●木強則共 共 上聲 同拱。

●強大處下 處 上声，居也。下 上聲，對上之稱。

天道章第七十七

天之道心之性性之神其猶張弓乎有力高者抑之省思慮下者舉之奮精神有餘者損之絕嗜欲不足者與之養沖和一本作補之天之道心也損有餘而補不足生處使熟熟處使生人之道則不然亦心也損不足以奉有餘貪其所愛忘其自然孰能以有餘奉天下要在忘我一本熟能有餘以奉天下惟有道者忘心是以聖人爲而不恃忘性功成而不處忘神其不欲見賢忘忘亦忘

【天道章第七十七】

天之道。其猶張弓乎。
高者抑之。下者舉之。
有餘者損之。不足者與之。
天之道。損有餘而補不足。
人之道則不然。損不足以奉有餘。
孰能以有餘奉天下。惟有道者。
是以聖人為而不恃。功成而不處。其不欲見賢。

【雅音正義】

● 高者抑之 抑 读若亿入声 乙力切，按也，遏也。
● 其不欲見賢 見同現。

任信章第七十八

天下柔弱（人之生也）莫過於水（人之心也）而攻堅強者（欲不死者）莫知能勝（心無生死一本知作之）其無以易之（情念死矣）故柔勝剛（心有力則情念自消）弱勝強（心無為則天道乃見）天下莫不知（人人有此理）莫能行（人人昧此理）是以聖人言（聖人知之）受國之垢（藏心於心而不見也）是謂社稷主○受國之不祥（藏神於神而不露也）是謂天下王○正言若反（蒼天中更添寃苦）

【任信章第七十八】

天下柔弱。莫過於水。

而攻堅強者。莫之能勝。

其無以易之。

故柔勝剛。弱勝強。

天下莫不知。莫能行。

是以聖人言。

受國之垢。是謂社稷主。

受國之不祥。是謂天下王。

正言若反。

【雅音正義】

●任信 任平聲，詳見第四十九章。

●其無以易之 易 入声，生生之謂易，又陰陽變轉。范應元：西升經曰天下柔弱莫過於炁，炁非柔弱於道。而此言天下莫不柔弱于水者，就人之易見者而喻之，以申明柔弱之道也。

●受國之垢 垢 读若沟上声 古厚切，塵滓也。

●是謂社稷主 社，讀若灑上聲 常者切，土地神主也。稷 入声 子力切，五穀之長。范應元：社稷者，古者建邦立國，左社右稷，社者五土之神也，稷者祈穀之所也。民以食為天，故有國必先社稷而王者，乃社稷之主也。

任契章第七十九

和大怨（嗜慾殺身）必有餘怨（情念不斷）安可以爲善（何以見道）是以聖人執左契（正念現前）而不責於人（不爲物移不與物競）故有德司契（以心契心以道契道）無德司徹（自非寂照何能混融）天道無親（靈光獨耀迥脫根塵）常與善人（無得無失）

【任契章第七十九】

和大怨。必有餘怨。安可以為善。是以聖人執左契。而不責於人。故有德司契。無德司徹。天道無親。常與善人。

【雅音正義】

●任契 任去声 如鳩切，用也。

●有德司契，契之有左右者，取其符合而已。契 讀若乞去聲 去計切，約也。此地司契有不取之意。

●無德司徹 徹通撤，讀若掣入聲 敕列切，抽也，剝也。此地司徹意為取也。

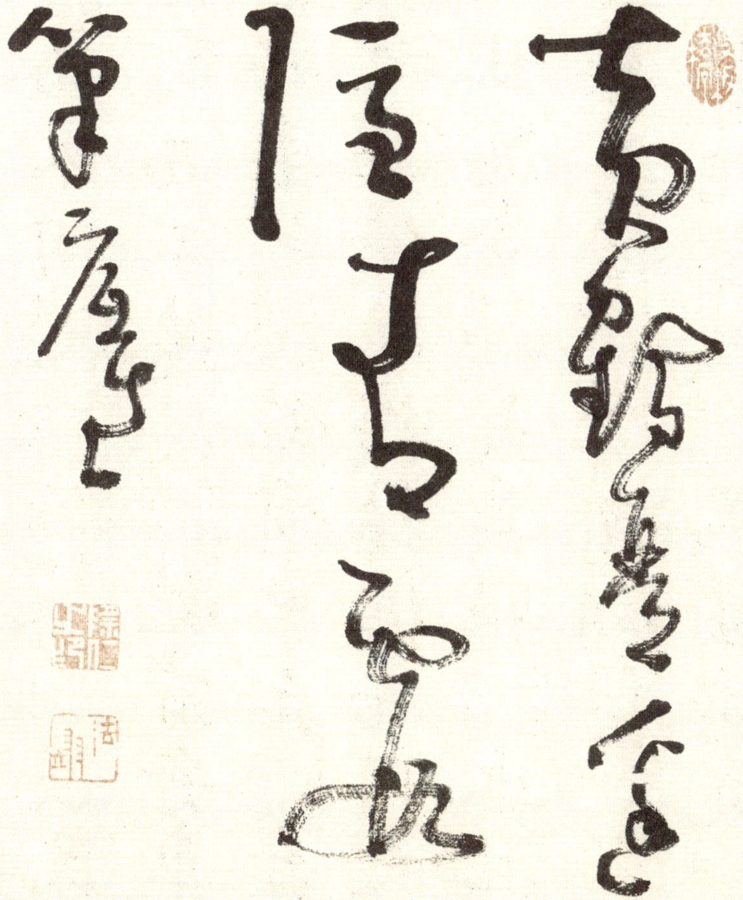

獨立章第八十

小國寡民（大圓鏡中）使有什伯（可養者也）人之器而不用（其國太平一本作使民有什伯之器而不用）使民重死（一念不生）而不遠徙（念茲在茲）雖有舟車（無去無來）無所乘之（實無去來）雖有甲兵（不爭善勝）無所陳之（六處清淨）使民復結繩而用之（信是道之源）甘其食（味道之腴）美其服（受道之庇）安其居（處道之安）樂其俗（樂道之和）鄰國相望（心心相照）雞狗之聲相聞（照見五蘊皆空）民至老死（厭心絕念）不相往來（如如自然）

【獨立章第八十】

小國寡民。使有什伯。人之器而不用。使民重死。而不遠徙。雖有舟車。無所乘之。雖有甲兵。無所陳之。使民復結繩而用之。甘其食。美其服。安其居。樂其俗。鄰國相望。雞狗之聲相聞。民至老死。不相往來。

【雅音正義】

●使有什伯 什伯均入聲。胡適：什是十倍，伯是百倍。文明進步，用機械之力代人工，一車可載千斤，一船可裝幾千人，這多是什伯人之器。下文所說「雖有舟車。無所乘之。雖有甲兵。無所陳之」正釋這一句。

●而不遠徙 遠 讀若爰去聲 於怨切，遠之也。徙上聲。

●無所陳之 陳同陣，去聲。

顯質章第八十一

信言不美◯美言不信不得動着善者不辯◯辯者不善父母所生口終不為汝說知者不博◯博者不知只在目前聖人不積◯既以為人賊來便打己愈有◯既以與人客來須看己愈多◯天之道◯利而不害時清道泰聖人之道◯為而不爭一人有慶兆民賴之

道德寶章終

翰林學士承旨榮祿大夫知 制誥兼脩 國史趙孟頫

【顯質章第八十一】

信言不美。美言不信。
善者不辯。辯者不善。
知者不愽。愽者不知。
聖人不積。
既以為人。己愈有。
既以與人。己愈多。
天之道。利而不害。
聖人之道。為而不爭。

【雅音正義】

●顯質章 質 讀若至入聲 職日切，體也。

●知者不愽、愽者不知 蘇軾：能一以貫之則無所用愽。愽學而日益者未必知道也。聖人抱一而已。知同智。

●愽入聲 補各切，多聞曰博。【正字通】博字之譌。

●為而不爭 為，平聲。

潦倒清湘客因尋故舊過
買山無力佳就枕宿峯寧
放眼江天外縣心寸草亭扁舟
偕子顧而且不算丁
停書之過
登舟故漏
白多江邨留别　枝下人濟

附錄　江希張《道德經》白話章解

收聽江希張《道德經白話解》全文請掃碼關注

【體道章第一】

凡道可能言說出來的，不是常住不壞的道；凡名可能標記出來的，不是常住不壞的名。無名可名的，是天地所從生的起頭；有名可名的，是萬物所叢生的娘親。所以合道為一體，常常真空。無意念以觀那道的神妙，常常妙有；有意念以觀那道的徼眼。這真空妙有兩樣，皆出於不可道的道，卻兩樣名，皆可謂之深遠莫測。深遠又極深遠，是一切神妙所出的門戶呢！

【養身章第二】

天下皆知道美好算好，就多假裝美好，美不成為美了；皆知道良善算善，就多假託良善，善不成為善了。這不好不善，是從好和善中來的。

所以有的和無的，是彼此相生出來的；難的和易的，是彼此相成就的；長的和短的，是彼此相形容的；高的和下的，是彼此相傾倒的；大聲和細音，是彼此相調和的；前頭和後頭，是彼此相隨從的。因此聖人處無有作為的事業，行不用言說的教化。一切萬物皆發起，卻不推卻；無有去取聽其自然，生養萬物還不自有，辦理萬事還不仗恃，成了大功，還淡然自樂，並不居功。唯獨因著他不居功，所以功德存在于萬世不能去呢！

【安民章第三】

不崇尚賢能的人，使民不爭奪名譽；不貴重難得的貨物，使民不偷盜錢財；不現出所願欲的嗜好來，使民心不亂糟。因此所以聖人治天下，空虛他的心以去奢華，充實他的腹以歸質樸，柔弱他的志以息爭端，剛強他的骨以能自立。常使人無有詭謀無有嗜欲，使這有才智的，也不敢有詐偽的行為。只安然行無為的事，就天下無不治理呢！

【無源章第四】

道雖然至虛至無，發為沖和的氣，卻有作用。彌漫六合之內，沒有或者不充滿的。極深遠不能窺測，似乎為萬物的宗主。挫折英銳爭勝的氣，解脫了煩擾雜亂的心，不現自己的光輝，混同世人的塵俗。湛然清虛一點也無所存，卻似乎或者有所存。我不知他是誰的子從何而來，像是在上帝以先呢！

【虛用章第五】

天地不仁愛，或生或殺，聽萬物的自然，拿萬物當芻狗；聖人不仁愛，或予或奪，聽百姓的自然。這天地之間，就像橐籥一樣。其中空虛而不枉屈，越動氣越出。多說一些話反而沒了法，不如守著中道呢！

【成象章第六】

虛空中真神不死，是為真空妙有；真空妙有的門戶，是為天地的根源。人要返本還源，必得綿綿然像有所存；存而不存，其作用也不勤忙，用而不用。

【韜光章第七】

天長存地久遠。天地所以能長且久處，因他生萬物不生自己，所以能長生。因此聖人事事讓人是後其身，而身反倒佔先；不爭權利是外其身，而身反倒保存。不是因他不為自己嗎？不為自己，所以能成全自己呢！

【易性章第八】

最高上的善，就像水一樣。水善於利益萬物，卻不和人爭；處到極卑下眾人所惡的地方，所以近於道。上善的人，居善於就地，像水的遇窪就止並不擇地；心善於淵靜莫測，像水空洞清靜；施與善於仁愛，像水的滋潤群生；言語善於真誠，像水的不失就下之性；為政善於治理，像水的洗滌污穢平定高下；作事善於有能，像水的運行一切；舉動善於順時，像水的活活潑潑。有這些善還不和人爭。獨以他不爭，所以毫無過錯呢！

【運夷章第九】

所持守的滿足了，不如不滿得安。所揣摸的銳利了，不可以常保；金玉滿了堂，不能以常保守；富貴而驕傲了，自己留下禍殃。功成名遂身退不居，是順天的道呢！

【能為章第十】

心一外馳，就魂與魄離。載魂守魄而抱一的，能以不相離嗎？曝其氣就動心，專守先天的氣令極柔順，能以像嬰兒的太和嗎？洗除塵垢玄通曠觀的，能以無有弊病嗎？身修了再愛民治國，能以清靜無為而理嗎？天門能開能闔變化無窮，能以為雌柔嗎？於事明白四達，能以像無知的嗎？生天下的民，養天下的民。生天下的民還不以為有，為天下的事還不恃功，為天下的長還不宰製。是為深遠難名的玄德。

【無用章第十一】

三十股車輻，共輳到一個車轂上，當沒有車轂的空處，才能運轉這車乘載人物有用處。和泥摶成器具，當沒有器具實質的空處，才能盛水漿有器的用處。鑿開門窗修成屋子，當沒有門牆處，才能住人有屋的用處。所以有了形質才為有利，雖有形質，其中仍是虛無才為有用。

【檢欲章第十二】

眼貪看五色教人眼瞎了，耳貪聽五音教人耳聾了，口貪吃五味教人口裡失了味覺。心好外邊馳驅畋獵就教人心發狂，難得的貨物，教人行害人的事。因此聖人為腹的內養，不為眼的外馳。所以去那外馳取此內守。

【厭耻章第十三】

寵倖羞辱皆像是受驚的，最重大的患沒有像身的。怎麼說是寵倖羞辱皆像受驚呢？有寵倖就有羞辱，羞辱從寵倖來的。寵更為下，所以得寵就像受驚，是怕羞辱要來。失寵也像受驚，是驚喜辱可以免。怎麼說重大的患沒有像身的？我所以有大患處，因為我有這身，便有情欲，生出一切憂患。及至於我不愛這身，有身若無身，我還有什麼禍患呢？再推而論之，貴身以為如天下之重的，可以寄存他天下。愛身以為如天下之大的，可以托付他天下。

【贊玄章第十四】

看還看不見的名叫夷，聽還聽不見的名叫希，搏弄不能得的名叫微。這三樣無形無色無聲，不可以詰問，所以混合成一個。凡物皆有明暗，他上面不明，下面也不暗，來往接續於日用之間，也不可以起個名，再歸到無物上。這稱謂無形狀的狀，無形像的像；這稱謂惚而不可以為有，恍而不可以為無，迎他也不見他的頭面，跟著他也不見他的後身。這是自古就有的道。要是執行古時的道，便能推用今日的萬有；能知古時道之開始的，就成為得道的紀綱。

【顯德章第十五】

古時善為士的，至微細至奧妙，至玄遠至通達，極深遠不可以測度。獨以他不可測度，所以強為之形容。像豫的冬天涉水極其戒慎，像猶的下木害怕有人極其恐懼，儼然像客的恭敬、毫不放肆；渙然像冰的釋解、毫不凝滯，極敦厚像朴木的質樸無文，極曠遠像山谷的虛受一切，極渾沌像濁水的晦默無知。然雖似濁而實至清，不過不以察察為明；若世俗聰明自用，雖似清而實濁。誰能以濁為清、渾渾噩噩，等著靜了緩緩的清明？誰能安然許久並不妄動、等著靜極緩緩地發生？保守這個道理的，不願欲滿足。就獨以不好滿足，所以就安於敝破，不妄求新成。

【歸根章第十六】

致這虛到了極點，守這靜到了至誠。萬物雖並發生，我不隨著他發生，我觀看他的周而復始。這萬物發生，長葉開花雖甚繁多，究竟仍然各歸他的根源。歸了根源就叫做靜，靜就叫複還生長的命，複還生長的命就叫真常。知道真常就叫明，不知道真常、妄動作就招凶。知道真常，就不隨物變，容納一切。能容納就大公無私，大公無私就可以為天下的王，王就可以合天，天就可以合道，道就能長久。身歿了也不危險，還永遠存在。

【淳風章第十七】

太上盛德的君，使民不知不覺地自化，暗受其賜，還不知道。其次的雖不能淳樸無為，他還施德於人，使民親愛頌譽。其次的雖不能以德服人，還能修明政刑，賞罰嚴正，使民知道害怕。再其次就無道無法，使民侮弄不堪。因為他使奸謀詭計，信用不足，雖出告示下命令多說一些話，民也不信他。要太上的君，端恭無為，貴重他的話不輕出，功成事遂了，百姓還不知道，皆說是我自然。

【俗薄章第十八】

大道廢了以後，才有仁義；大道行的時候，現不出仁義來。智慧聰明生出，人才有了大詐偽；淳樸渾沌，用不著智謀。六親不和睦，才有孝子慈父；父子相和，現不出孝慈來。國家昏亂時代，才有忠臣；平治的時候，現不出忠臣來。

【還淳章第十九】

不用能力，去了智謀，民自然不以智慧相爭奪，其利有百倍。不用仁去了義，民自然不務仁義的虛名，複還孝慈。不用巧去了利，民自然不貪詐，盜賊就無有了。這三樣聖人皆以為是虛文，不足以化天下。所以教百姓另有所屬意，教他見到本來面目，抱質樸的真誠、減少私心、無有貪欲。

【異俗章第二十】

棄絕了世俗名象之學，就無有分別計較的憂愁。直的和曲的，相去有幾何？善的和惡的，相去有什麼？聽之而已。人所畏怕的我也不可不怕，但我超出天地氣數以外。極洪大無有邊涯，何所畏怕？眾人皆極歡喜的樣子，貪情欲之樂，就像吃大酒席，就像聽好音樂，我獨泊然並無情欲的萌芽，像嬰兒未成孩時，活活潑潑、任天而動，毫無所沾染。眾人皆有自滿的心，我獨像遺失了，空空洞洞。我是愚人的心呢！渾渾沌沌的。俗人過於用明，我獨像糊塗人無所知；俗人過於刻察，我獨悶悶然無所分別。忽忽然無知像晦暗的，空空然像無所止歸的。眾人皆有依仗，我獨愚頑像鄙陋無能。我處處獨兩樣起人，卻貴重返乎本源，以先天自養。

【虛心章第二十一】

有盛德的容貌，唯道是遵從。道的為物甚妙，恍恍惚惚的不可以見。雖不可見，然，恍惚之中卻有象，恍惚之中卻有物。窈冥不測中卻有精，其精甚是真，其中有信可據。這道自古及今，他的名沒有去，以閱歷天地萬物。我何以知道天地萬物從道所出呢？以為道恍惚窈冥不可變滅。

【益謙章第二十二】

凡事偏的就可以全，彎的就可以直，窪下就可以滿了，破的就可以新了，少的就可以得了，多的就迷惑。因此聖人抱定唯一的心，不分別一切。為天下人的模範，不自己表明他的明，所以能明顯；不自己以為是求彰揚，所以能彰揚；不自己稱他的功，所以能有功；不自己誇自己的長處，所以能有長處。這皆是不爭。就因為他不爭，所以天下沒有能和他爭的。古人說偏就能全的，豈是虛言呢！誠然不求就自然完全來歸。

【虛無章第二十三】

希少爭辯的言語，以順其自然。大風刮不上一早晨，急雨下不上一天。誰刮的大風下的急雨？是天地。天地不自然，還不能長久，又況說是人呢？所以從事於道的人，遇道的就同於道，遇德的就同於德，遇失的就同失。同於有道的，道也是快樂自得；同於有德的，德也是快樂自得；同於失的，失也是快樂自得。不然，人要信不過，就是強辯人也不信。

【苦恩章第二十四】

蹺著腳想站得高的站不住，抬起腿跨想走得遠的走不動，自己表現的不能明顯，自以為是的不能彰揚，自己稱功的沒有功，自己誇長處的沒有長處。要說在道上，就叫貪著多吃。貪著遠行，吃得過飽，行得過勞，物類還犯嗤。所以有道的不辨這個。

【象元章第二十五】

有個物渾然長成，在天地以先生的。寂然不動，寥然空虛，獨立無對，亙古今卻不改移，遍流行到萬有卻不困殆，生天下一切的物，可以為天下一切物的母親。這物我不知他的名，強給他起個號叫作道，強給他起個名叫作大。大而能化不著形跡名叫走了，走的遠而無外名叫遠，雖遠卻當前即是，名叫返回來（今之航海的走到極遠處就轉回來，即是遠曰反）。所以道大天大地大人也大，世界上有四大，這人占了一個。人雖然小小一身，心量超乎天地以外。人就要成全起這大來，效法地的無有不載著，再進而像天的無有不蓋著，像天效法道的無不生成，像道生萬物是自然地效法自然。

【重德章第二十六】

凡物重的為輕的根，能靜的為急躁的主。因此聖人自早至晚，一天不離了載著資糧的車。雖就是有極尊榮的美觀，安穩穩地坐在車上，超然不動。怎麼出萬輛兵車的國王，還拿著身子自輕，去奔馳天下的繁華？不知輕浮就失了根，躁動就失了主。

【巧用章第二十七】

善於行的沒有車轍的形跡，善於說話的沒有缺點可以指謫，善於算的不用算盤來策算，善於閉住的不用關鎖就不能開，善於結住的不用繩約住就不能解。因此聖人常善於救濟人，所以沒有可棄的人；常善於救濟物，所以沒有可棄的物。這樣稱謂彰著自己的明。所以善人是不善人的老師，不善人是善人的資料。要善人不自重師格、不愛惜可為資料的人，（以為如此）就是明智，其實是大迷惑。這是最要緊的妙訣。

【反樸章第二十八】

也知道雄的剛強，卻守這雌以柔為主，譬如為天下的山澗，以卑下自處。為天下的山澗以卑下自處，真常的德就離不了，再歸到嬰兒的和氣。也知道白的明亮，卻守這黑以晦為主，譬如為天下憑依車式的樣子，常低俯其身、為天下憑依車式的樣子。常低俯其身，真常的德就差不了，再歸到無極的虛無。也知道榮耀是好，卻守這辱以退遜為主，譬如為天下的山谷，虛受一切。為天下的山谷，虛受一切，真常的德就能充足，再歸到朴的渾然完全。樸解散開就造成器，僅有一樣用處；聖人要用這樸，就能為用一切器的長、不止有一樣用處。所以大製造的人，不用裁割開渾然的樸。

【無為章第二十九】

將要願欲取了天下來，自己專權，我見他不能得的。因為天下是極尊貴的重器，不可以自己專權的。要自己專權的就敗了，要持權專制的就失了。所以萬物或有在前行的，或有在後隨著的，或有呴而氣溫的，或有吹而氣寒的，或有強的，或有弱的，或有能承載起來的，或有隳落下來的，皆是不一定的。一人專制如何行？所以聖人並不強為，順萬物的自然。惟去了大甚、去了奢華、去了過分的。

【儉武章第三十】

用道輔佐人主的，不仗賴兵力強勝過天下。用兵殺人的事，容易還報，眾兵所到的地方，人死的死逃的逃，地沒有耕種的，荊棘亂生。大兵以後，死的人冤抑之氣，流行為厲，必然有凶荒的年景。所以善治天下的，含生生不息的仁以利天下，外面渾淪圓融，和人不爭就是了。不敢以兵取強勝，雖以仁利天下，還不自己矜誇；雖以仁利天下，還不自己伐功；雖以仁利天下，還不驕傲。含生發的仁，自強不息；不（僅）能止住，還不過於強勝。因為萬物過強壯就老了，老了就說是沒了道，沒了道就早早地死了。

【偃武章第三十一】

這勇猛的精兵，快利的兵器，是不吉祥的器。殺生害命，物都厭惡，所以有道的不用兵。君子在家就以左邊為上，出去用兵就以右邊為上。可見兵是不祥的器，不是君子用的器。要伐暴救民，敵當外患，不得不才用他，也是以恬然整齊靜肅，淡然不耀武揚威為上。就是得了勝，也不以為光彩；要是以為光彩，是樂於殺人。這樂於殺人的，不能以得志於天下。且說吉事以左邊為上，凶事以右邊為上；偏將軍站到左邊，上將軍站到右邊。這是以喪禮待用兵的人，可見兵是不吉祥的器了。殺人眾多的兵，用悲慘哀痛地哭他；戰勝了回來，用喪禮待他。可見不以打勝仗算好，不以殺人為樂了。

【聖德章第三十二】

道是真常不變的，沒有名字，沒有名就為貴；像這未成器沒有名的樸，雖說是小，天下人皆不敢以他為臣。為侯王的要能守這渾全的樸，就能無為而治，萬物皆自然各得其所，和樂恭順。和氣感召的，天地得位、陰陽相合，降下祥瑞的甘露。這甘露潤遍萬物，沒有人分派他，就自然平平均均。但起頭國家還沒有大順，不能不製造些有名的器以治天下。有名的器既然有了，能以維持世界，這也就該知道止住，不要執著到名象上。知道止住，才不至於將這樸使用盡了，沒了本源。所以不至有危險，能以返本還源、流行不息。譬如道的在天下發育萬物，而沒有頭，江河山泉的朝宗於海，而源源不絕。

【辨德章第三十三】

知人是非的稱為智，自知得失的稱為明。能勝過人的稱為有力，自己勝過情欲的稱為強。知足不貪的稱為富，強行道的稱為有志氣。不失了立身之處的能以長久，身死了還不滅亡的稱為有壽。

【任成章第三十四】

大道流動不滯，不可以或左或右執著一邊去求的。萬物皆仗恃道才生長，道也不推辭，生物的功成了，不自名有功於物。愛養萬物還不為物的主，從他常無有所欲，無形無聲，就可以名叫他個小。萬物生化以後，皆歸於他，他還不知為主。從他能虛受一切，就可以名叫個大。因此，聖人總是不自以為大，所以能成為虛而無外的大呢！

【仁德章第三十五】

要拿著無象的大象，對待天下，天下人自然來歸往。來歸往卻不害他，教他安然自在、和平穩重。要（是）用手段，以作樂設餌誘人，過客也能止住；但樂餌盡了，客仍然走。這道說出口來，雖淡薄無味，看他無象、也不能看見，聽他無聲、也不能聽見，然如要用他，卻沒有窮盡。

【微明章第三十六】

將要願欲歙殺他，必然已經張開他；將要願欲衰弱他，必然已經強盛了他；將要願欲廢了他，必然已經振興了他；將要願欲侵奪他，必然已經給了他。這樣稱為至細微的道理，卻是至明顯的道理。所以柔的能勝過剛的，弱的能勝過強的，皆是道的自然。道不可離，就像魚的不可脫離了深水，一離就死；國家傷人的利器，不可以誇示人，爭強盛必至失道。

【為政第三十七】

大道常無所為，卻無而能有、無所不為。侯王要是能守此道，萬物就要自然而化。自然而化以後，要是願欲有所作為。我就要鎮定他用無名的樸，並無名的樸，也要不願欲用。不願欲用樸而用靜，這是守道到了極點，天下就要自然而正。

【論德章第三十八】

上德的人，不自以為有德，所以能有德；下德的人，勉強著不失了德，所以無有德；上德的人無心作為，只率性而行，就不用有所作為；下德的人有心作為，就有所作為；上等仁人行這仁，還不用有所作為；上等義人行這義，就有所作為；上等禮人行這禮，威儀繁多，人沒有應答的，就不免攘臂而起爭端。所以失了道以後才有德，失了德以後才有仁，失了仁以後才有義，失了義以後才有禮。這禮是忠信的薄弱、變亂的起頭。有前知的聰明外用，是道的外面。然明極必暗，是愚迷的開始。因此大丈夫處這渾厚，不處這刻薄；站到真實上，不站到浮華上。所以去了那理智的虛文、取這忠信的實德。

【法本章第三十九】

在前得了一的，天得了一就清靜，地得了一就安寧，神得了一就靈敏，山谷得了一就滿盈，萬物得了一就生長，侯王得了一就能以正天下。天地人物他的能清能寧能靈能盈能生能貞是一樣道理呢！天不得一沒有所以清的，就怕破裂；地不得一沒有所以寧的，就怕洩漏；神不得一沒有所以靈的，就怕衰歇；山谷不得一沒有所以盈的，就怕竭盡了；萬物不得一沒有所以生的，就怕滅了；侯王不得一沒有所以王天下的，還居尊貴的高位，就怕跌倒。所以貴的要不自貴，以賤為根本；高的要不自高，以下為根基。因此侯王自稱孤寡不穀，這是他以賤為本呢！不是的嗎？因為天下的事，必合起許多賤的來，才成為貴的。就像這車，必合起輪轅軫蓋才成為車，要合起好幾輛車來，就不能成為一車。所以侯王必不自貴自高，才能正天下。不要碌碌然像玉的自貴而實自小，落落然像石的自高而實自卑呢！

【去用章第四十】

與道相反的，正是道的動機；柔弱不爭的，正是道的作用。天下的物皆從有生的，是有和無相反，有卻生於無。

【同異章第四十一】

上等人聽了道，就動而行的；中等人聽了道，就有時行有時不行；下等人聽了道就要大笑，下等人要不笑，還不足以為道呢！所以在先立言的說過，明道的內（裡）精明，外邊渾渾噩噩像暗昧的；進道的內（裡）精進，外邊與世無爭像退的，有看也看不見。最妙的道，外面和光混俗，像與人相類的。有上德的卑以自處，像空谷虛受一切的；大清白的仍出於污泥之中，像受辱的；有廣大之德的，不自以為有德像是不足立德的；能建立德行的，清靜無為，像是苟且偷安的；質樸真誠的，任著天性，並不執著，像是變而不真的；大方正的方於內，並不矜持，沒有棱角；大器不欲速，所以晚成；大音如天籟，稀少聲音；大象如無極，沒有行質；真道最隱微，沒有名色。所以下等人不知就笑，他雖然笑，惟獨這道善於借氣給那萬物，且生成萬物。萬物的生是借道的氣而生，生成以後，將氣仍還道。

【道化章第四十二】

道生的虛無一氣，一氣判為二生的陰陽，陰陽會合生的三才，三才生的萬物。萬物皆是背著陰而抱著陽，陰陽收斂於下，以生太和之氣。凡事皆以下為上。人所厭惡的，獨有孤寡不穀，是最下的，這王公貴人反以自稱。所以這物或者損他反倒有益，或者增益他反倒有損，是謙受益滿招損的道理。古人所以教人的，我也拿著這話教訓人。強梁的必不得正命而死，我將要拿這道理為教人的主宰。

【遍用章第四十三】

天下至柔的，能以驅使天下至堅硬的；一無所有的，能以入到無有間隔的裡頭。因此知道無為的有益，不用說話的教化。無為的利益，天下少有能趕上的。

【立戒章第四十四】

人多好名，名和身哪個親近？人多貪貨財，身和貨財哪個值得多？人多以得為榮，以失為病，不知必失而後才得，得和失哪個為病？因此甚愛名了必大費精神；多貪財貨藏起來，必招眾人的怨恨、重重地失了。必知足不妄求，才不遭羞辱；知道止住不妄貪，才不遭危險，可以長久呢！

【洪德章第四十五】

大有成就的，反倒像是有欠缺，他的功用都沒有破壞；大盈滿的，反倒像是空虛，他的功用卻沒有窮盡；大正直的，反到像枉屈；大能巧的，反倒像拙鈍；大辯論的，反倒像不能多說話。然有諸內自能勝於外。像寒熱是外邊的天氣，內躁的就能勝過寒，雖寒也不覺寒；內靜的就能勝過熱，雖熱也不覺熱。所以清靜無為，自然能勝過天下的擾亂，天下就自然正了。

【儉欲章第四十六】

知人是非的稱為智，自知得失的稱為明，能勝過人的稱為有力，自己勝過情欲的稱為強，知足不貪的稱為富，強行道的稱為有志氣，不失了立身之處的能以長久，身死了還不滅亡的稱為有壽。

【鑒遠章第四十七】

不用出門，就知天下的事；不用從窗戶裡瞅，就看見天道。凡人他越出得遠，他知道得越少。所以聖人不用出行，就知道一切的理，不用看就知道一切的名，不用作為就能成一切的事。

【忘知章第四十八】

講學要天天增知識，講道要天天去知見。去了再去，以至於沒了知見，與道為一體。為無為的事，才能無所不為了。所以聖人取天下的，常用行所無事的道；到了他有為的，反不足以取天下。

【任德章第四十九】

聖人沒有一定的心，以百姓心為他的心。百姓有好的，我好待他，勸導他；有不好的，我也好待他，誘掖提攜他。這樣能兼善天下，全其大善德了。百姓真誠的，我以真誠待他，有不真誠的，我也以真誠待他。這樣尚好信，民就沒有不真誠的，全其大信德了。聖人在天下，惵惵然恐懼，怕天下人我見太深，不能相和，所以為天下人渾同其心，去了分別相。百姓皆是用上耳目的精神，察人的好歹真偽，聖人視天下人皆以小孩對待，無論如何也歡喜。

【貴生章第五十】

天下凡出於生的，必然入於死。小孩正生長的那一類人，十分中有三；老年將死的那一類人，十分中有三；中年生旺漸而動轉到死地的，也是十分中有三。這中年反動轉到死地的，是什麼緣故呢？因為他有了嗜欲，甘食悅色，自奉太厚。且因謀衣食住以養生命，就勞煩地反傷了生、歸於死地呢！常聽說善於攝持生命的，在陸地行遇不著兕虎，上軍營去不躲避兵刃。兕牛也無處投它的角，猛虎也無處施它的爪，兵器也無處施它的刃。這什麼緣故呢？因為他視身如無，不愛肉身，性包虛空以外，無有可死之地呢！

【養德章第五十一】

世間萬物皆是道生的，然道的生（萬）物（我們）不能見。道一動而為德，德付賦萬物以性；生出萬類，又借陰陽之氣成了形，順其自然之勢長成了。因此萬物沒有不尊崇道貴重德的。道的尊崇，德的貴重，也沒有封他爵位的，他就常自然尊貴。所以道生了萬物，德養萬物，又長這萬物，撫育萬物，成立萬物，成熟萬物，容著萬物，蓋著萬物。還又生萬物不以為有功，實行培養萬物不仗恃勤勞，長養萬物不為物的主宰，這樣稱為極深遠的德。

【歸元章第五十二】

天下的一切，有個起頭的本源，為天下的母親。人要尋著這本源，既然能得他母親，就能知道他的兒子；既然知道他的兒子，又要返回守他的母親。這樣能返本還源，就是沒了身子也不危險。怎樣能守母呢？塞住口，閉了門，不使精神外泄，一輩子不用勤勞，自然功成。要是開了口，求著成事，一輩子不能救。能以見著極微小的起頭，稱為明；守著極柔順的母親，稱為強；用這散出來的光，再斂回歸到本然的明上，不要流而忘返，留下一身的禍。這樣稱為慣用真常的道。

【益證章第五十三】

使我介然獨有真知，就能行這大道。惟獨恐怕自己誇張。大道本極平常，這民偏好走奇僻小路。朝廷上刑政甚是苛刻，田野甚是荒蕪，倉廩裡甚是空虛，還尚奢華穿文采的衣服，好小勇帶著利劍，縱嗜欲醉飽飲食，好貪橫財貨有餘，這樣稱為大盜的倡率，不是正道。

【修觀章第五十四】

善於建立的，就牢不可拔；善於懷抱的，就萬不能脫落；傳到後世子孫祭祀不止，因為他有德行。實行修德於身，他的德才真；又修之於一家，他的德才有餘；修之於一鄉，他的德才長大；修之於一國，他的德才豐滿；修之於天下，他的德才能普遍。所以拿我的身看人的身，我身能修，人身也能修；拿我的家看人的家，我家能齊，人家也能齊；拿我的鄉看人的鄉，我這鄉能化，人的鄉也能化；拿我的國看人的國，我國能治，人國也能治；拿我的天下，看人的天下，我的天下能平，人的天下亦能平。我何以知天下能以平呢？就以我本身推測而知。

【玄符章第五十五】

包含德行厚的人，就比像赤子。赤子不知害物，厚德感召的，毒蟲也不螫他，猛獸也不按拏他，抓物吃的鳥也不撲他。他雖然骨弱筋柔，卻生機握持得很堅固；不知牝牡的調和，卻能真陽興起。這是真精純到極點了。一天哭號，卻沒怒聲。和到極點了。知道和的，就稱為知常道；知道常道的，就稱為至明；以太和自養，增益生機的，稱為吉祥；心不為氣質擾亂，能以率氣，使氣不橫暴的，稱為剛強。這樣以保和太和為增益生機，以心率氣使不外泄為強，才能合著道。像萬物生氣發洩，固然能強壯；然物強壯了就老，這樣稱為不合乎道。不合乎道就早死了。

【玄德章第五十六】

真知道的不說，說的並不知道；真知道的是塞了他內出的口，閉了外入的門，挫去他的銳氣，解脫他的紛擾，混合他的光，同世上的塵俗。這樣稱為極玄妙的同。怎麼稱為玄同呢？人不可得而親近他，不可得而疏遠他，不可得而有利於他，不可得而加害於他，不可得而尊貴他，不可得而輕賤他，所以為天下的至貴。

【淳化章第五十七】

拿正道理治國，用奇計用兵，拿無事取天下。吾何以知道天下可以無事而取呢？因為天下要多有忌諱，民怕犯了禁忌，多有失業越發窮的；要使民間多有便利的器，有機事就有機心，人人以權謀相對待，國家必要昏亂；人要尚技巧，奇異無用的物就越多；以法律命令治人，越彰明盜賊越多有。這皆是多事所致的。所以聖人說，我無為這民自然化，我好靜這民自然正，我不用多事這民自然富，我無有私欲這民自然歸於純樸。

【順化章第五十八】

國家行的政事，寬大渾樸，國民就自然醇厚；國家行的政事，刻刻察察，國民就自然澆薄。到了極點就返回，這禍是福所因而有的，福是禍所伏藏於內而生的；禍福循環無端，誰能知道他的究竟呢？不是沒有正人的法，看著是正，又成了奇怪；看著是善，又成了妖孽。人的迷於邪正善惡，日子是本來很久了。所以聖人雖然方正，卻（不会将）不方的鑿了；雖然清廉，卻不嫉惡太嚴；雖然正道，卻不直率得太放肆；雖然有光耀，卻不誇耀。

【守道第五十九】

治理人，事奉天，沒有趕上斂退虛靜的。惟獨斂退虛靜的，稱謂早已實行事天治人之道；早已服習道的，稱為重重地積下德；重重地積下德，就沒有不能勝任的事；沒有不能勝任的事，就不知他的極至；不知他的極至，就可以有國；有了國的根本，就可以長治久安。這斂退虛靜若用以修身，稱為深培其根堅固其柢，長生久視之道。

【居位章第六十】

治理大國，就像烹調小鮮一樣，不得法就亂糟了。用道治天下，這鬼就不顯神奇。不是鬼就沒有神了，是他的神不傷人；聖人治天下不傷人，所以他(鬼)就不來傷人。這兩不相傷，皆是聖人盛德所感。所以不傷人的德，彼此合歸於聖人呢！

【谦德章第六十一】

國就譬如水的下流，為百川所歸向的，是天下交會地方；就譬如為天下的牝，牝常以靜勝過牡的動，是以靜為下人之道。是以大國能以謙卑自處，居於小國之下，就能得了小國的心；小國要是以謙卑自處，居於大國之下，就能得了大國的心。所以或自處卑下以取人的歸服，或自處卑下以取人的優待。大國不過是願欲兼著畜養人，小國不過是願欲事奉人，這樣，大國小國各得他所願欲的。所以大國宜量自處卑下。大國自處卑下，小國就不必說了。

【为道章第六十二】

這道是萬物所歸宿安息的地方。善人修身治世的寶貝，不善人所仗賴以保身的。不善人怎能借以保護呢？有一句話說得好，能以合著道了，就可以售於人；一件事行的是合著道了，就可以高起人。人有不善，要能改過自新。何致有為人所棄的呢？所以用這道立天子、設三公，皆是有道人才歸服。因此就是有兩手合起來拿的大璧先送來，隨後再送四匹馬來，也不如坐而進這個道。古時所以貴重這個道處，是什麼緣故呢？不是所以求的就可以得，有罪就可以免嗎？這樣所以為天下至貴重的呢！

【恩始章第六十三】

為無所為的作為，辦無事的事情，嘗無味的滋味；大的看著以為小，多的看著以為少，報有怨的以德行，圖謀難事於容易的時候，為大事於他細的時候。天下的難事，必起于易時；天下的大事，必起於細事。因此聖人總是于天下的事，不待他大了後才辦，所以能成大事。像輕於應諾的，把事看小了，必然不能實踐，少有信用；把事情看多容易了，必然多有難辦。因此聖人還猶以事為難辦，所以究竟能辦成。以為難就不難呢！

【守微章第六十四】

天下安的時候，容易保持；事沒有苗緒的時候，容易謀劃；物脆的時候，容易折斷；物細微的時候，容易解散。辦事要於沒有事的時候，治天下要於沒有亂的時候。合抱的大樹，生於毫末的萌芽；九層的高臺，起於才壘的土上；千里的遠行，起頭於腳底下。但這些事，皆是因其自然。要是有為的反倒敗了，固執的反倒失了。因此聖人無為所以沒有敗，無有執著所以無有失。這民人辦的事，常有幾乎將成，反倒敗了。要使（自己）慎重末了，就像（慎重）起頭一樣，就沒有敗了的事。因此聖人願欲人所不願欲的事，不貴重世人所貪求難得的貨，學人所不學的，複還了眾人太過的事，以輔持萬物的自然，卻不敢有所作為。

【淳德章第六十五】

古時善於以道治天下的，不是先開民的知識，是要教這民歸於淳樸。民的所以難治，因著他智謀太多。所以以智謀變詐治國，是國家的賊；不以智謀變詐治國，是國家的福。知道這兩樣的利害，就可以為治國的模範。能以知道治國的模範，就稱謂極玄妙的德。極玄妙的德，深遠得很了，和世俗的物情相反，這樣才能到了上下和平大順的境況。

【後己章第六十六】

江海所以能為百泉之王處，因著他善於居下，所以百泉皆來朝會，為各山泉之王。因此，聖人願欲高上起人，先用謙恭的話，居於人以下。願欲佔先於人，先本身居人之後，所以居於人以上。這人不苦其重，居於人之前，這人不嫉妒他。因此天下人樂於推舉他，並不厭惡。因著他不爭，所以天下沒有和他爭的。

【三寶章第六十七】

天下皆說我道雖甚大，卻似乎一無所能，什麼也不像。就因為道甚大，所以似乎什麼也不像。要是像什麼事物，早就細微得很了。我有三樣寶貝，我珍重而持守著。第一叫作慈愛，第二叫作儉省，第三叫作不敢為天下先。有這慈心，愛人真誠，所以能勇；有這儉省，財用必富，所以能作廣大事業；不敢為天下的先，就大器晚成，所以能為器的長。現今人舍了慈愛，還尚強悍的勇；舍了儉省，還務廣大；舍了居後的道理，還爭著為先。這樣必歸有死。這慈有真摯的毅力，用以戰就能勝，用以守就堅固。天要是救人，就用慈愛護衛人。

【配天章第六十八】

善於為勇士的，不尚武力；善於戰的，不發怒氣；善於勝敵人的，不用爭殺；

善於用人的，處於人之下。這樣稱為不爭之德，這樣稱為能用人的力，這樣稱為能以配合天道。這是古時到了極點的妙法。

【玄用章第六十九】

用兵有句要緊的話：我不敢為開兵端的主，為應敵的客；不敢前進一寸，卻退回一尺；雖然用兵，不存好殺之心。像不行兵的，雖然挺身而前，像無臂可攘；雖然戰殺相因，像無有敵人的；雖然拿著兵器，像無有拿兵器的。天下的禍，沒有大起輕敵好戰的。輕敵好戰，就喪失了我國家的命脈。所以兩軍對壘地相交，不輕開兵端；哀憐人死的，就打勝仗了。

【知难章第七十】

我的話很容易知道，很容易行。天下沒有能知道的，沒有能行到的。我說的話有個宗旨，我說的事情有個主宰。就因為沒有知道我的宗旨、我的主宰的，所以不知道我呢！知道我的少，我的道就為了貴。因此聖人外面被著毛布賤人衣服，懷裡抱著玉璧，人不易知道呢！

【知病章第七十一】

知道還不以為知道，是上等的。不知道還以為知道，是大病害。惟獨是拿病當病的，能以不為病。聖人沒有病，就是因他拿病當病，所以沒有病。

【爱己章第七十二】

道德齊禮，使民人不用害怕刑威，自然知道敬畏。這樣不怒而威，大威武就來了。所以當國的，不要仗恃權威壓制人，不要饜足聲色貨利養自己的生。就獨以不求饜足聲色貨利，所以不滿而自溢，能以日新又新。因此聖人只求自知，不自己彰揚；只求自愛，不自己尊貴。所以去了那貪求無饜，取這謙下不爭呢！

【任为章第七十三】

勇於果敢好勝的就殺人，勇於不敢以柔下自處的就活人。這兩樣或有利於人，或有害於人，是人所知道的。天厭惡勇敢殺人的，誰知道他的緣故呢？因此聖人還以勇敢為難。天的道不和人爭，卻善於得勝。不說話卻善有感應，不用招呼就自然來，雖甚舒緩，卻善於謀。天的網恢恢然甚大，雖甚稀疏卻沒有遺失。

【制惑章第七十四】

民人並不怕死，怎麼治國的專拿死恫嚇他？要是使民人常怕死，這些作怪異不法的，我得（逮）着拿住殺了他，誰還敢再為不法的事？乃越殺越多，可見民不怕死了。且說民犯了罪，常有司法的以公法殺他。竟有代司法的以私意殺他。這譬如不知規矩，還代大匠斫木。代大匠斫木，少有不傷了手的。

【贪损章第七十五】

民人的饑餓，是因為在他上的吃的稅太多，民力已盡，所以饑餓；人民的難治，是因為在他上的用有為的權謀，民變詐百出，所以難治；民的看輕了死、不害怕，是因為他嗜欲大開，養生命的材料太厚、力有不給，所以輕死。就惟獨不是以養生命為重的，才是善於貴重他的生命。

【戒强章第七十六】

人的活著身體就柔弱，死了身體就堅強；草木的活著就柔脆，死了就幹枯。所以堅強的是死之類，柔弱的是生之類。因此兵過強了，便有暮氣，不能以得勝；木強了就能拱把，人伐了來作材料。強大的處於下，柔弱的處於上。

【天道章第七十七】

天的道就像抑起弓來的樣子。高的低伏下他來，在下的舉起他來，有餘的損去他，不足的補益他。天的道是去有餘以補不足。人的道就不是這樣，損不足去供奉有餘的。誰能拿有餘供奉天下呢？惟獨是有道的人。因此聖人作了事業，還不仗恃，成了功還不居功。他是不願欲表現他的好處嗎？是損去自己的有餘、補天下的不足呢！

【任信章第七十八】

天下柔弱的，沒有柔弱過水的。然而攻堅破強，沒有能在他以先的。因著他就下的性，沒有變更呢！所以柔的能勝過剛的，弱的能勝強的。天下人沒有不知道的，沒有能行的。所以聖人說，受全國的垢辱，是謂祭社稷的國王；受全國的不吉祥，是謂天下的王。這是正話，卻像是相反的。

【任契章第七十九】

調和了大仇怨，外面上雖然調和，內里必然仍有餘怨，這樣如何可以算善呢？因此聖人拿著左契，等著人來求合；卻不去求著與人合。所以有德的，就像拿著書契，人自然來求合；無德的就像管著收稅。但天道無所偏愛，常歸向善人。

【独立章第八十】

使天下的國，皆成了小國，減少他的民。教他有十樣百樣的器，並不妄用。教這民知道珍重死，不往遠處遷徙。就是有船有車也無所乘載，就是有軍衣兵器，也無所陳列。教這民再恢復上古結繩記事的用法，甘饗了人的飲食，善美了人的衣服，平安了人的居住，和樂了人的風俗。鄰國彼此相望見了，人民至老死，彼此不相往來。

【显质章第八十一】

信實的話不精美，精美的話不信實。良善的話不用辯，辯別的話不良善。有知識的不求博學，求博學的未必然有知識。因此聖人凡事不求積於一身。雖不求積於一身，卻既然凡事皆為人，自己越發地有。既然凡事皆推讓給人，自己越發地多。天的道是利於萬物，而不害於萬物。聖人的道是認宇宙內事為性分事，擔任一切，卻不和人爭。

附錄　相關人物介紹

底本《道德寶章》

為《道德經》作注疏歷代不絕，紫清真人白玉蟾做的注本名《道德寶章》，被元代大書法家趙孟頫以楷體抄錄，清時收入《四庫全書》。《道德寶章》的突出特點是以心性學說解釋老子之道，反映了儒道佛三教合流的思想傾向。

書者　趙孟頫

趙孟頫（1254～1322），字子昂，號松雪道人，浙江吳興人（今浙江湖州）。南宋末至元初著名書法家、畫家、詩人，宋太祖趙匡胤十一世孫、秦王趙德芳嫡派子孫。趙孟頫博學多才，其畫，開創元代新畫風，被稱為「元人冠冕」；創「趙體」，與歐陽詢、顏真卿、柳公權並稱「楷書四大家」。趙氏一生曾多次書寫《道德經》，本書採用的是其書寫的白玉蟾注本，名《道德寶經》。

注者　白玉蟾

白玉蟾(1194～1290)，本姓葛，名長庚，字如晦，號瓊管，自稱神霄散史、海南道人等。白玉蟾為南宗第五代傳人，即「南五祖」之五，飛升後封號為「紫清明道真人」，世稱「紫清先生」。其哲學引儒家理學入道，丹法道儒結合。

章解 江希張

江希張（1907～2004），字慕渠，山東曆城縣人。清末差點被選作末代皇帝溥儀的伴讀，民國初年被康有為譽為「民國第一神童」。十歲前所撰《息戰論》一版再版，《四書白話解說》叢書印行數百萬部，轟動中外學壇；十二歲左右作《道德經白話解說》，並與其父在濟南創辦萬國道德會，共同制定《萬國道德會籌備處宣言並章程》。建國後，江希張成為我國首屈一指的化工和輕工業專家。

繪者 清四僧

明末清初四大名僧，是指畫壇馳名的四名出家人：原濟（石濤）、朱耷（八大山人）、髡殘（石溪）和漸江（弘仁）。四人皆擅山水，後人評價石濤之畫奇肆超逸，八大山人之畫簡略精練，髡殘之畫蒼左淳雅，弘仁之畫高簡幽疏。

八大，名朱耷，字雪個，號八大山人、個山、驢屋等，江西南昌人，明末清初畫家、書法家，清初畫壇「四僧」之一。譜名朱由桵，為明寧獻王朱權的九世孫。明滅，國毀家亡，八大心情悲憤，落髮為僧，後改信道教。其畫非常簡單，常常是一張白紙，兩三筆，甚至兩三個墨點就完成了，但卻具有大氣磅礴、感人心脾的力量，被譽為中國文人難以捉摸的、獨特的自我表達。

原濟，又名石濤（1642–1718，另說1642–1705），俗姓朱，名若極，廣西全州人。明藩靖江王朱守謙後裔，時五歲，其父在明末被追殺，石濤削髮為僧存身。出家後法名原濟，一作元濟。後人傳為道濟，小字阿長，字石濤，號大滌子、清湘老人、清湘陳人、清湘遺人、粵山人、湘原濟山僧、零丁老人、一枝叟，晚號瞎尊者，自稱苦瓜和尚。康熙時畫名遠揚，康熙南巡時，他曾兩次在揚州接駕，並奉獻《海晏河清圖》。善山水花果蘭竹，尤以山水一反時人仿古之風。

髡殘（1612–1692），俗姓劉，武陵人（今湖南常德市），居南京。幼年喪母，遂出家為僧。法名髡殘，字石溪，一字介丘，號白禿，一號殘道者、電住道人、石道人。曾自謂平生有「三慚愧」：「嘗慚愧這只腳，不曾閱歷天下多山；又嘗慚此兩眼鈍置，不能讀萬卷書；又慚兩耳未嘗記受智者教誨。」善畫山水，亦工人物、花卉。

漸江，法名弘仁（1610–1664），俗姓江，名韜、舫，字六奇、鷗盟，明亡後入武夷山為僧，名弘仁，自號漸江學人、漸江僧，又號無智、梅花古衲，歙縣人。他兼工詩書，愛寫梅竹，但一生主要以山水名重於時，屬「黃山派」，又是「新安畫派」的領袖。

圖片索引

图书在版编目（CIP）数据

道德经 : 珍藏版 / 张三愚著 . -- 北京 : 团结出版社 , 2017.8

ISBN 978-7-5126-5512-6

Ⅰ . ①道… Ⅱ . ①张… Ⅲ . ①道家②《道德经》—研究 Ⅳ . ① B223.15

中国版本图书馆 CIP 数据核字 (2017) 第 205022 号

出版：团结出版社

（北京市东城区东皇城根南街 84 号 邮编：100006）

电话：(010) 65228880　　65244790 （传真）

网址：www.tjpress.com

Email：zb65244790@vip.163.com

经销：全国新华书店

印刷：北京印匠彩色印刷有限公司

开本：787mm×620mm　1/12

印张：22

字数：100 千字

版次：2018 年 2 月　第 1 版

印次：2023 年 7 月　第 10 次印刷

书号：978-7-5126-5512-6

定价：128.00 元